蒙台梭利

家庭快乐课堂

培养数学能力的30个亲子游戏

[意]玛丽亚·蒙台梭利_著
唐玉芸_编译

0~6岁

西苑出版社
XIYUAN PUBLISHING HOUSE
·北京·

图书在版编目（CIP）数据

蒙台梭利家庭快乐课堂．智商专辑．培养数学能力的30个亲子游戏：0～6岁／（意）玛丽亚·蒙台梭利著；唐玉芸编译．-- 北京：西苑出版社，2021.3

ISBN 978-7-5151-0777-6

Ⅰ．①蒙… Ⅱ．①玛… ②唐… Ⅲ．①数学课－学前教育－教学参考资料 Ⅳ．① G613

中国版本图书馆 CIP 数据核字（2020）第 261726 号

蒙台梭利家庭快乐课堂．智商专辑．培养数学能力的 30 个亲子游戏：0～6 岁

MENGTAISUOLI JIATING KUAILE KETANG. ZHISHANG ZHUANJI. PEIYANG SHUXUE NENGLI DE 30 GE QINZI YOUXI: 0～6 SUI

责任编辑	辛小雪　刘　崴
装帧设计	仙　境
出版发行	西苑出版社 XIYUAN PUBLISHING HOUSE
地　　址	北京市朝阳区和平街 11 区 37 号楼　邮政编码：100013
电　　话	010-88636419
印　　刷	三河市东兴印刷有限公司
开　　本	880mm×1230mm　1/24
字　　数	122 千字
印　　张	6
版　　次	2021 年 4 月第 1 版
印　　次	2021 年 4 月第 1 次印刷
书　　号	ISBN 978-7-5151-0777-6
定　　价	118.00 元（全 3 册）

序

发现成长的秘密，给儿童科学的教导

玛丽亚·蒙台梭利是20世纪享誉全球的幼儿教育家，她所创立的幼儿教育方法的特点在于对儿童早期教育的重视。《西方教育史》称她为“20世纪赢得欧洲和世界承认的最伟大的科学与进步的教育家”。

1907年，蒙台梭利在罗马的贫民区建立了一所“儿童之家”，她运用自己独创的方法对那些招收来的3~6岁的儿童加以教育，结果使得那些出身“普通的、贫寒的”儿童的心智发生了巨大转变，他们皆被培养成了聪明、自信、有教养、生机勃勃的少年英才。于是，人们纷纷仿照蒙台梭利的教育模式建立了许多“儿童之家”。1909年，由蒙台梭利编写的《运用于“儿童之家”的科学教育方法》一书出版上市，很快便被译成20多种文字在世界各地流传。随后有100多个国家引进了蒙台梭利的方法，蒙台梭利在世界范围内引起了一场幼儿教育的革命。

由蒙台梭利提出的蒙氏教育法是一种针对儿童及幼儿的教育理念。蒙台梭利在很大程度上接受了卢梭、裴斯泰洛齐、福禄贝尔的自然教育与自由教育的观点，并根据自己的实际观察和实验研究提出了一种全新的教育理念，旨在全面提升儿童素质，发展儿童潜能。

读过蒙台梭利系列图书的读者对于儿童的教育问题会有一种脱胎换骨般的认知，

能够感受到蒙氏教育法对儿童的尊重、对生命的尊重，从人性与生命的角度去揭示儿童成长的秘密，揭露教育的本质。在这一点上，是以往的教育方法并不具备的。

蒙台梭利利用儿童自身的成长要求，在不损害儿童的自由与快乐的前提下，实现教育的目的。她认为，儿童有与生俱来的“内在生命力”，这是一种积极的、不断发展的无穷力量，而教育的任务是对儿童“内在生命力”的激发和促进，并不是强行地向儿童灌注成人的思想。所以，教师和父母要想帮助儿童获得良好的身心发展，必须先了解儿童的内心世界，从儿童自由与自发的活动中去仔细地观察和研究。

蒙台梭利认为：“儿童有绝对的自主权，让他们自己决定玩什么、学什么。”与传统的教育方法有所不同，蒙氏教育法的目的是帮助儿童自然地成长，更强调对儿童的秩序感、专心度、独立能力和手眼协调能力方面的培养，为儿童提供他们所需要的活动环境，让儿童感受到绝对的自由和尊重，让他们快乐地成为他们自己。

据此，蒙台梭利为学龄前儿童创造设计出一整套有效引导儿童迅速成长的训练方法。她提倡教育应当以儿童为中心，把握儿童的敏感期，注重儿童智慧与品格的养成，尊重儿童的成长步调等，对儿童进行体育、感官、知识、生活等方面的教育。

蒙氏教育法源于对儿童的充分了解和研究，其中包含着很多有价值的教育观点，在她的著作中均有详细介绍。在此，我们为了让读者更好地了解她的教育观点，特意编译了这套“蒙台梭利系列”图书，在尊重原著的基础上，对原著内容进行了筛选和调整，力求能够让蒙台梭利的教育理念更易被家长理解和运用。

本套书为智商专辑，包括《蒙台梭利家庭快乐课堂：培养智力能力的30个亲子游戏（0~6岁）》《蒙台梭利家庭快乐课堂：培养数学能力的30个亲子游戏（0~6岁）》《蒙台梭利家庭快乐课堂：培养语言能力的29个亲子游戏（0~6岁）》。这3本书的侧重点不同，从儿童不同方面的教育培养入手，其中《蒙台梭利家庭快乐课堂：培养智力能力的30个亲子游戏（0~6岁）》是对儿童的注意力、想象力、观察能力、记忆

力、思维能力、意志力、分析能力方面的训练指导；《蒙台梭利家庭快乐课堂：培养数学能力的30个亲子游戏（0~6岁）》是对儿童的算术、几何方面的训练指导；《蒙台梭利家庭快乐课堂：培养语言能力的29个亲子游戏（0~6岁）》是对儿童的语言能力和交际方面的开发与训练指导。

我们希望通过这套书，来指引家长更科学地对待儿童，给予儿童最佳的教育方式。这套书并不是晦涩难懂的理论书，而是操作性很强的工具书，其中包括摘自蒙台梭利原著的“蒙台梭利老师怎么说”，针对我国国情和目前家庭教育现状提出的“专家解读”，以及供家长参考的训练游戏“游戏配合”这三大模块的内容。

蒙台梭利的教育思想和她的著作风靡全球，赢得了广泛的好评。在当前的中国社会中，教育问题丛生，家长为了孩子的教育也是操碎了心。所以，我们更是需要一套有效的教育方法来做指引。我们希望，在认真阅读本套书之后，所有的家长都能够更加科学地对待儿童，找到适合他们的最佳的教育方式。

儿童早期的数学能力培养

蒙台梭利是一位有着强烈责任感和创新精神的人。这种责任感和创新精神使她不断探索，用心创造，最终成为一个伟大的教育家。她在实验和观察的基础上，创办了给世界教育进程带来深刻变革的蒙氏幼儿早期教育法，对欧美国家的教育和社会发展产生了深远的影响。

蒙台梭利在实验和观察中发现，儿童都是渴望游戏的，因为对于儿童来说，游戏是他们认识世界的途径。如果让儿童的精力全部专注于教科书，他们的生活就会变得枯燥乏味。蒙台梭利认为，在儿童学习知识之前，应该先关注儿童的兴趣、要求和愿望。

儿童作为一个独立的个体，有一种与生俱来的“内在生命力”，教育是为了促进儿童“内在生命力”的发挥。所以说，在对儿童进行教育时，我们不应该干涉儿童的自由行动，更不能压制儿童的自我发展，应该因势利导，顺应儿童的天性，让其在游戏中成长。

儿童的成长具有阶段性，在儿童教育中应该根据儿童心理发展的不同阶段为儿童提供不同的“有准备的环境”，应对儿童不同时期的不同心理需求进行相应的科学教育。

数学能力的培养对于儿童来说并不是很困难，因为在生活中，许多东西都映射着数学元素，我们需要做的是在儿童合适的成长时期，对其进行必要的引导，让其认识到这是数学，或者更具体一些，这是数字，这是几何图形。比如，当儿童刚刚开始学习数数时，为了更好地让儿童发挥其数学潜能，我们需要做一个简单的引导，先让儿童接触到数的概念，比如，“家里有3口人，吃饭要用3个碗”。在这样的环境浸润下，我们根据儿童的心理接受能力，继而再对儿童进行一个较为系统的数数的训练。

这本书是在蒙台梭利原著的基础上，结合现在我国儿童成长的环境和实际需要进行了适当的调整。对儿童数学能力的培养，主要是从数字和几何两个大方面进行介绍，每一节后面都设置一个小游戏，这些游戏都是出自蒙台梭利原著。通过这本书，家长就可以和儿童轻松体验蒙氏数学教育的奇妙。

有一点需要家长注意，这本书上的每一个游戏都对所适合儿童的年龄进行了标注。这样家长在对儿童进行训练时有一定的参照标准，但是由于不同儿童的个体差异比较大，针对相同的游戏，相同年龄阶段的儿童可能会有不同的表现。因此，在一般情况下，家长不需要对儿童不能很好地完成某个游戏而过分担心。

打开这本书，让我们和儿童一起展开奇妙的蒙氏数学教育之旅。

目录

Part 1

儿童早期的比较能力训练

Part 2

儿童对不同事物的辨别能力

Part 3 儿童的几何能力

Part 4 儿童的立体感知能力

Part 5 数字让儿童了解数学

Part 1
儿童早期的比较能力训练

01 培养儿童对大小的感知

蒙台梭利老师怎么说

有一天，我走进一所“儿童之家”，五六个儿童围在我身边，他们用手轻轻地抚摸我的双手和衣服，说道：“它是光滑的。”“它是天鹅绒的。”“这是粗糙的。”这时又有几个儿童走过来像他们那样，抚摸我的衣服，并且认真而严肃地重复着同样的话。教师看到后想要阻止小朋友这么做，但我向她做了“嘘”的动作，示意她不要阻止孩子。我站着，也不出声，欣赏着他们这种自发的智力活动。蒙氏教育法的最大成功一直就在于此——促使儿童自然发展。

应用视觉教育是最重要的教育阶段之一。实际上，这是在为准确使用语言做准备。在我们学校中经常碰到不能准确使用语言的情况。例如，许多儿童把厚和大、长和高交换使用。用我们将要介绍的方法，教师便可以很容易地借助教材建立起非常明确的概念，并把它们和相应的词语联系起来。

在儿童们已经玩了很长时间立体镶嵌游戏并已经对其很熟练了以后，教师单独取出第三套圆柱体，并把它们从大到小排成一行，拿起第一根说道：“这是最大的。”拿起最后一根说："这是最小的。"然后，把它们并排放着，比较它们的底和高是怎样的不同，并反复说几次"大——小"。做完这些以后，教师应该紧跟着检查，问道："把最大的给我，把最小的给我。"最后，教师应该检查一下名称，问道："这是什么？"在以后的课程中，教师可以把这两根拿走，然后用剩下来的圆柱中最大的和最小的反复做这种练习，直到所有的圆柱体练习完为止。

——摘自《蒙台梭利幼儿教育科学方法》

专家解读

孩子的感觉练习是一种自我教育，反复练习，就会完善孩子的心理感觉过程。家长必须引导孩子从感觉走向概念——从具体到抽象再到概念之间的练习，为此，应该用一种方法来隔离孩子的内部注意力，把他固定在某一知觉上。我们需要注意的是，既要尽可能限制自己的介入，同时也不能让孩子在自我训练中感到过于劳累。

游戏配合

游戏名称：粉红的小木块

适用年龄：2~3 岁

游戏目的：让孩子掌握物体大小的不同，了解大小的概念。

游戏方式：

Step 1

准备一套粉红塔教具。

Step 2

从木块里拿出最大的木块和最小的木块放在桌子上。

Step 3

妈妈和孩子一起给木块命名。并把大的木块给孩子玩儿，告诉孩子：“这是大木块。”然后把小的木块给孩子玩儿，告诉孩子：“这是小木块。”

Step 4

接下来，妈妈手里拿着大木块或者小木块问孩子：“这是什么样的木块？”让孩子回答。

Step 5

一段时间后，将所有木块混合到一起，妈妈说：“请把最大的木块给我。”或“请把最小的木块给我。”看看孩子能不能够成功分辨出大木块或小木块。

☆家长观察笔记

02 感官训练中的长与短

蒙台梭利老师怎么说

在“儿童之家”，在对儿童进行长短的视觉训练时，使用的教具是一套有等级变化的木棒，木棒的厚度相同，但是长短不同。

教师把这套长短不同的木棒拿出来，把它们一根挨一根水平地放在桌子上。然后拿出最长的木棒说：“这是最长的。”拿出最短的木棒说：“这是最短的。”把这两根木棒并排放在一起，以便对比更加突出。接着，教师再次把这两根木棒放回原位，与其他木棒并排放在一起，表示所有木棒厚度都是一样的，并重复几遍说：“长的，短的。”做完这些之后，应紧跟着说道：“把最长的给我。”“把最短的给我。”然后将这两根拿走，使用剩下的木棒进行反复练习，直到所有木棒都练习完为止。最后，还要检查儿童是否已经掌握名称。

教师必须随时检验自己的讲授是否实现了预期的目标，检验范围必须局限于术语讲授所能唤起的有限意识域。

——摘自《蒙台梭利幼儿教育科学方法》

专家解读

关于如何将孩子学到的抽象概念一般化的问题，就是让孩子把这些概念运用到所处环境中，但也不能让孩子长时间甚至数月内连续学习抽象概念。需要等到孩子对环境进行自发的探究，也就是探索精神的自动爆发。在这种情况下，孩子在每次有新发现时都能感受到喜悦，同时，还会获得尊严和满足感。这种尊严和满足感鼓舞他们从周围环境中去探索更多新的感觉，鼓励他们成为自发的参与者。

在孩子进行实践的过程中，家长不能从中打断孩子，要让孩子自己操作，自己发现。孩子摆放正确时，要鼓励孩子。

游戏配合

游戏名称：木棒来站队

适用年龄：2~3 岁

游戏目的：让孩子通过比较发现木棒长短的不同，了解长和短的概念。

游戏方式：

Step 1

准备 5 根木棒，每根木棒从长到短依次减少 2 厘米。

Step 2

将准备好的木棒放在桌子上，让孩子通过观察木棒，说出它们的不同之处。

Step 3

去除最长和最短的木棒让孩子进行比较，然后再任意取两根，让孩子观察比较，说出它们的不同。

Step 4

让孩子按照木棒的长短顺序进行排列。如果孩子不知道如何排列，妈妈可以引导孩子来排序。

☆家长观察笔记

03 让儿童熟悉高矮的概念

蒙台梭利老师怎么说

在“儿童之家”，儿童认识高矮的概念是通过一组圆柱体插件来进行练习的。练习的方式同了解长短和大小概念的练习方式是一致的，每次都是从所有圆柱体中选择两根对比最明显的圆柱体。

我们首先要让儿童区分“长短”和“高矮”。告诉儿童：当物体在一个维度呈现出不同变化时，我们可以用相反的词语表达出来。比如，长短不同的木棒，它只是在长短这个维度上发生了变化，我们就说物体是“长的”或“短的”。但如果物体在高度上发生了变化，就不能再用长短来描述了，这时我们就要说“高的”或“矮的”。

当我们在测量儿童的身高时，很容易在实际环境中应用高矮的概念。儿童自己也会互相比较，说：“我高一点儿。”儿童还能正确地自己比较高矮，他们肩并肩站在一起，互相看谁高谁矮。他们也会经常站在成人的身边，惊奇而有趣地观察他们和成人身高之间的巨大差异，会感叹道：“我也要长到老师那么高！”

——摘自《蒙台梭利科学教育法》

专家解读

孩子用发现的眼睛看这个世界，在每个年龄阶段，他们所感受的这个世界是不一样的，这也是遵循孩子自身成长规律的。在练习过程中，如果孩子没有正确指出和高矮相对应的物品，也就是说，孩子出错了。在这个时候，我们不必立即纠正孩子的错误，但是必须停止对他们的练习，改天继续进行。因为这时孩子尚未为我们所期望唤起的心理联系做好准备，所以，必须选择另外的时机。

游戏配合

游戏名称：我和妈妈比身高

适用年龄：2~3 岁

游戏目的：让孩子了解高与矮，理解高与矮的不同。

游戏方式：

Step 1

准备多根吸管，若干胶带。

Step 2

孩子和妈妈同时靠墙站好，两个人比一比身高。

Step 3

在墙上标记每个人的身高。

Step 4

妈妈和孩子一起动手，将吸管一根一根连接到一起，接口处用胶带粘好，一直连接到墙上身高的标记处。

Step 5

每个人拿着量自己身高所使用的吸管，数一数一共用了多少根吸管，比一比谁高、谁矮，进而让孩子熟悉高矮的概念。

☆家长观察笔记

04 提升儿童对厚薄的认知

蒙台梭利老师怎么说

在“儿童之家”，在对儿童训练分辨厚薄时，采用的教具是一套从厚到薄的 10 个棱柱体。儿童玩时，把它们撒在小地毯上，弄乱后按其厚薄顺序一块挨着一块摆好，这一套棱柱体构成一个梯形形状，从低到高，一步比一步窄，儿童们可以随意从薄的开始或从厚的开始，这项练习的检验不像圆柱镶块那样明显，大圆柱不可能插入小圆孔，较高的圆柱会突出孔板的表面等。而在这个游戏中，儿童的眼睛就很容易发现错误，因为如果排列错误，梯形就呈不规则状，不是一个台阶比一个台阶高，而是高台阶后出现低台阶。

在儿童熟悉这套教具之后，教师就可以让儿童对厚薄的概念进行练习，如同前面的训练一样。要注意，要以不同声调重复“厚、薄”，既要声调明快，又要发音清晰。“最厚的，最厚的，最厚的；最薄的，最薄的，最薄的”。

——摘自《蒙台梭利幼儿教育科学方法》

专家解读

如果孩子在训练过程中没有出错的话，家长便可以引导孩子说出相应训练概念的名称。家长可以问："这个蛋糕是什么样的？"孩子回答："厚的。"如果孩子发音不是很准确时，家长可以打断孩子的话，教他怎样正确、清晰地发这个音。先稍吸一口气，然后大声说："厚的。"在孩子发音时，家长可以注意他具体的发音缺陷，或者某种已习惯的特殊的发音方式。这个不只是在厚薄的训练中可以进行，在很多训练中，都应该注意孩子的发音问题，并及时地矫正。

游戏配合

游戏名称：优秀的蛋糕师

适用年龄：3~4 岁

游戏目的：让孩子了解厚薄的概念，认识厚与薄的不同。

游戏方式：

Step 1

准备一盒橡皮泥。

Step 2

妈妈和孩子都扮演"蛋糕师"的角色，"蛋糕"的制作材料是橡皮泥。

Step 3

妈妈和孩子分别制作一个 1 层的“蛋糕”和 3 层的“蛋糕”。

Step 4

制作完成后，把做好的“蛋糕”进行比较，看哪个厚，哪个薄。

Step 5

妈妈还可以和孩子一起多做一些“蛋糕”，让孩子按照厚薄的不同进行排序。

☆家长观察笔记

Part 2

儿童对不同事物的辨别能力

01 不同颜色对儿童的刺激

蒙台梭利老师怎么说

有一天，我在“儿童之家”看到一个男孩在做图画练习，他正选用彩色铅笔描一棵树的轮廓。在对树干进行涂色时这个男孩选用的是红色的彩笔。旁边有位教师看到了就想要干预男孩，我制止了她，继续看着男孩把树干涂成红色。这幅图对我们很宝贵，它表明男孩还没有成为周围环境的观察者。我处理这种问题的方法是鼓励男孩让他多做色彩游戏来增强色感，让他每天和其他儿童一道走入花园，可以随时看到树干。例如，感觉练习已经使儿童自发地注意到周围颜色，那么在某一欢乐时刻，正像前面讲的那个男孩在玩时突然发现天空是蓝色的一样，他也会发现树干是褐色的而不是红色的。的确，有一天，这位教师继续让那个男孩描树的轮廓时，他运用褐色铅笔来描树干了，而把树枝和树叶描成了绿色。随着男孩观察次数的增加，他把树枝也描成了褐色，只把树叶描成了绿色。这就说明男孩对他周围事物的颜色进行了更为细致的观察。

这样，我们就考查了儿童的智力发展进程。我们培养观察者是要教给他们观察的能力和方法，不是简单地靠说“观察吧”就行。在感觉训练中我们就培养儿童这种能力和方法。儿童这种能动性若被激发，自我训练就能得到保证。因为经过良好训练就会获得精确感觉，会使儿童更仔细地观察环境。这样，变化无常的环境就会吸引儿童的注意力，进一步培养儿童的心理感觉。

——摘自《蒙台梭利幼儿教育科学方法》

专家解读

虽然说在感觉的视觉训练中，已经对孩子认识颜色进行过训练，但那是将某些颜色单独取出来进行训练的，这种感觉训练对颜色的训练并没有特别好的效果，要让孩子更深刻地认识颜色，应该对孩子进行更深层的着色训练，也就是对完整的轮廓图形填色。孩子必须选择颜色填描，这也可以表明，孩子是否已观察到他周围的这种东西的颜色，成为一个真正的观察者。

游戏配合

游戏名称：我的彩色跳棋

适用年龄：3~4 岁

游戏目的：让孩子可以区分不同的颜色，并且按照物体的颜色进行分类。

游戏方式：

Step 1

准备一副有 6 种不同颜色的跳棋。

Step 2

将跳棋的图纸铺在桌面上，妈妈先摆放一种颜色的棋子，让孩子观察是怎么摆放的，以及摆放的位置。随着摆放，读出相应棋子的颜色。

Step 3

随后让孩子在跳棋盒子中取出和某个阵角上颜色一致的棋子，并把棋子摆放到阵角内。

Step 4

直到将所有棋子全部摆放在棋盘上，妈妈再进行检查。

☆家长观察笔记

02 提高儿童区分轻重的能力

蒙台梭利老师怎么说

做一般感觉的练习，我们通常采用“盲人游戏”这种方式，就是将儿童的眼睛蒙起来，用手感觉物体的某一性质。

在进行重量训练时，让儿童坐在桌前，首先，让他观察做重量感觉训练时所用的木板，再让他试一试已经知道的重量差别，然后，告诉儿童：“把深色的、较重的木板放在右手边，把浅色的、较轻的木板放在左手边。”这时蒙上儿童的眼睛，让他继续做游戏：每次一只手一块，有时拿到两块同样的颜色；有时拿到不同的颜色，但正好与他要放在桌子上的位置相反。这个游戏非常吸引儿童，例如，当这个儿童手里拿到两块浅色的木板，拿不定主意在左右两手中不停地交换，周围的儿童就会非常焦急地看着，当他最后还是把两块都放到左边时，他们才长长地舒了口气。游戏正确做完后，小伙伴的欢呼声也给大家留下一种印象：他们的小伙伴能用双手区分出不同颜色的木板了。

——摘自《蒙台梭利幼儿教育科学方法》

专家解读

幼儿教育的目的在于帮助孩子的智力、精神和体格得到全面的自然发展，而不是把他们培养成为一台学习的机器。所以，我们在提供给孩子适合促进他的感受发展的教材之后必须等待，让他的观察力自然发展并达到自觉的程度，这正是教育的艺术性所在。教育工作者应该知道怎样衡量哪些是帮助孩子个性发展的行动。具有正确态度的教师，很快就会发现孩子个性的差别，正是这种差别，要求教师使用各种不同的帮助方式。有些孩子可能根本不需要她的干预，而有的则要求她及时指教。所以，教学必须严格遵照最大限度减少教育工作者的积极干预的原则。

在孩子进行轻重感觉训练时，需要教师最大限度地减少外界对孩子的干扰，最大限度地将孩子的感觉隔离出来，使孩子的意识集中在这一点。

游戏配合

游戏名称：木板“回家”

适用年龄：3~4 岁

游戏目的：让孩子可以区分轻重，并按照轻重分类。

游戏方式：

Step 1

准备一个眼罩，一套长方形木板教具，教具是由一些形状、大小相同，但颜色和重量不同的长方形木板构成。

Step 2

家长向孩子说明游戏规则：按照木板的重量，将重一些的木板放在右边，将轻一些的木板放在左边。

Step 3

孩子坐在放着不同颜色的木板的桌子旁，家长给孩子戴上眼罩。

Step 4

孩子用手掂重量，来区分木板的轻重。在这个过程中，家长不要影响孩子，不要催促。

☆家长观察笔记

03 锻炼儿童的粗细辨别能力

蒙台梭利老师怎么说

在“儿童之家”，我们为了锻炼儿童辨别粗细的能力，一般所使用的教具是儿童已经玩了很长时间的 3 套立体教具中的第一套。教师把其中所有的等高的圆柱体选出，将这些圆柱体按照由粗到细的顺序，在桌子上排成一排。然后，教师拿出最粗的那根圆柱体，说道：“这是最粗的。”接着，拿出最细的那根圆柱体，说道：“这是最细的。”她把最粗的和最细的两根圆柱体并排放在一起，以便对比更加明显，让儿童观察。然后将这两根圆柱体的底部朝向儿童，让儿童比较它们的底部，注意其差别。随后，将圆柱体立着并排在一起，表示其高度相等，并反复说几次“粗——细”，做完这些以后，教师可以把这两根拿走，然后用剩下的圆柱体中最粗和最细的来重复这种练习，直到把所有的圆柱体练习完为止。

在所有的圆柱体都练习完之后，教师应该紧跟着检查一下，问道：“把最粗的给我，把最细的给我。”随后，她还应该检查一下名称，问道：“这是什么？”然后，教师可以随意从镶框中取出一个，说“请把比这根粗一点儿的给我”或“请把比这根细一点儿的给我”。让儿童进行一个更为系统的粗细比较。

——摘自《蒙台梭利幼儿教育科学方法》

专家解读

这个游戏是一个比较游戏，主要是对孩子的视觉进行训练，这也是孩子智力教育的范畴。

这个游戏是对孩子感知粗细能力的训练，但并不局限于我们之前所训练的区分两个物体之间的区别，而是在一组相关物体中，进行比较和筛选，这是更为系统的对孩子的视觉进行训练的方法。所以，在对孩子进行训练的同时，我们可以随着训练次数的增加，相应增加对孩子的训练难度，开拓孩子的视野，而不只是局限于两个物体之间的比较。

游戏配合

游戏名称：制作望远镜

适用年龄：3~4 岁

游戏目的：让孩子理解粗细的概念，并且可以按照一定的顺序进行排序。

游戏方式：

Step 1

准备 5 张长度为 10 厘米，宽度分别为 10 厘米、9 厘米、8 厘米、7 厘米、6 厘米的彩纸，一卷胶带，一把剪刀。

Step 2

妈妈和孩子一起做，手拿着彩纸长的一边沿着高度卷彩纸。然后，用剪刀剪适当长度的胶带，将彩纸对接的地方用胶带粘好。

Step 3

将制作好的纸筒放在桌子上，让孩子从中找出最粗和最细的纸筒。

Step 4

让孩子将这 5 个纸筒按照由粗到细的顺序相互嵌套在一起，制作成一个能伸缩的望远镜。

☆家长观察笔记

04 分类角度的培养

蒙台梭利老师怎么说

分类练习是儿童认知这个世界的一个必要过程，在儿童成长的过程中，随着时间的推移，他们就会自发地进行一些简单的分类整理。比如，儿童会把自己的玩具放在一起，将餐具放在餐桌上，这些都是分类。在“儿童之家”，儿童也会将教具进行一个简单的分类。儿童在做分类练习时，会应用到很多感觉训练常用到的教具，比如，训练辨别轻重时用到的长方形木板，练习辨别颜色时用到的 64 块不同颜色的木块，等等。所以，教具并不一定仅限于应用在训练某一项能力上，也可以重复应用到不同方面的训练上。

在进行分类练习时，可以让儿童按照不同的方面进行不同的分类。比如，可以按照物体某一个部分的特征分类，可以按照颜色分类，可以按照大小分类，等等。为了锻炼儿童的分类能力，我们不仅使用了传统的教具，还使用了生活中儿童身边的物品，让儿童更加深入地认识分类的定义，在头脑中建立“集合”的概念。

——摘自《蒙台梭利幼儿教育科学方法》

专家解读

分类练习其实是对之前所有练习的一个升华。之前，我们训练孩子对大小、高矮、长短、厚薄、颜色等的认知和区别，是在一个比较小的范围内，并且只是单纯地针对某一种性质的一个相对概念的训练。而分类就是在这些所有的基础上进行的，将孩子对这些性质的认知进行总结的一个练习。

家长在对孩子进行分类训练时，不可以操之过急，要让孩子的认知从某一性质到某一类性质上获得进步，也就是要由量变引起质变。从孩子的生活所接触的物品和孩子感兴趣的东西入手，练习也会事半功倍。

游戏配合

游戏名称：不一样的卡片

适用年龄：3~4 岁

游戏目的：让孩子认知分类，学会从不同角度进行分类。

游戏方式：

Step 1

准备 8 张不同花色、不同形状的卡片。按照每一行 4 张卡片排列在桌子上。

Step 2

让孩子观察摆放在桌子上的卡片，并描述卡片的特征。

Step 3

等孩子描述完卡片的特征后，妈妈让孩子按照卡片的颜色、卡片的花形、卡片的形状进行分类。

Step 4

孩子按照不同的分类角度进行分类，妈妈要将每次的分类结果进行描述，并且记录下来。

☆家长观察笔记

05 让儿童明白分类的包含关系

蒙台梭利老师怎么说

当儿童对分类训练越来越熟练时，就会产生一个疑问，“为什么小木块没有木块多？”“为什么花裙子没有裙子多？”因为在儿童的意识里，他更希望自己喜欢的东西比较多，甚至希望所有的东西都是自己所喜欢的。这里面就会有儿童的一个认知和心理的问题。这些在这里我们不做讨论，我们要做的是告诉儿童“为什么花裙子没有裙子多？”裙子和花裙子的包含关系。

包含关系，对于儿童来说只要让他们明白“花裙子的数量少，而裙子的数量多”即可。也就是“裙子”是一个集合的整体概念，而“花裙子”只是“裙子”的一部分。

——摘自《蒙台梭利幼儿教育科学方法》

专家解读

包含关系是一种相比大小、轻重来说更为抽象的概念，这就需要我们在生活中对孩子进行渗透式的教学。比如，家长带孩子去公园，孩子就会发现公园里有很多漂亮的花，这个时候孩子只有花这个概念，也就是整体概念，不管是桃花还是海棠花，在孩子眼里都是漂亮的花，因为孩子的认知有限，并且现在还没有分类的概念，当孩子的接受能力日渐增加，家长就不是简单地告诉孩子这是一朵花，而是可以对孩子说“这个是樱花”“这个是桃花”等。

我们一直讲教育是一个循序渐进的过程，尤其在讲比较复杂的关系和概念时，我们应该给予孩子更多的耐心。当孩子好多次指着同一朵花，不停地问：“这是什么花呢？”我们都应该很耐心地重复告诉孩子，直到孩子不再发问。

游戏配合

游戏名称：漂亮的花裙子

适用年龄：3~4 岁

游戏目的：让孩子深入了解分类的概念，了解分类的包含关系。

游戏方式：

Step 1

准备 9 张画着不同款式、不同花色、不同颜色的裙子卡片，按照一排 3 张排列到桌子上。

Step 2

引导孩子认真观察桌子上的裙子卡片，按照一定的特征分类，总结有几种分类方法。

Step 3

对孩子说出一个分类的标准，并让孩子按这个标准进行分类，妈妈将结果记录下来。

Step 4

等孩子按照类别分类完成之后，妈妈问孩子：“是裙子多呢，还是带花的裙子多呢？”

Step 5

孩子说：“裙子多。”这时，给予孩子足够的时间思考“为什么是裙子多”。如果孩子不明白，妈妈就要告诉孩子裙子是一个集合的整体概念，而带花的裙子只是其中的一部分。

☆家长观察笔记

Part 3
儿童的几何能力

01 儿童对不同几何图形的认知

蒙台梭利老师怎么说

在儿童识别形状阶段，镶块练习是最适合的训练。镶块练习的初级阶段，就是将不同的形状放入对应的位置。

进行镶块练习时，给儿童一个里面放着我们想要他们练习的形状的大框子或者托盘。将镶块取出来，打乱放在桌子上，让儿童试着把镶块放回到对应的位置上。在第一次练习时，许多儿童要经过多次尝试后才能成功地放对镶块。例如，拿着三角形先往梯形、矩形等图形里放。或者他们已经拿着一个矩形，也识别出该往哪里放，但仍然把它的长边塞进短边处，只有经过几次尝试后才能成功。通过不断练习，让儿童可以轻松识别形状，甚至可以直接放入相应的位置。

同时，也可以配套进行硬纸片训练。我们给儿童木制镶块和贴着相应形状的蓝色硬纸片。将蓝色硬纸片打乱，让儿童按照自己的喜好把它们排成一排，然后把相应形状的木制镶块放在蓝色硬纸片上。这个练习是要儿童用眼睛来控制的，儿童必须识别形状，并用木块盖上，与蓝色硬纸片的形状完全吻合。这里儿童的眼睛相当于镶框，它首先把两件东西联系起来。除了要覆盖图形，儿童还会触摸蓝色硬纸片上的图形，这也是练习的一部分，然后放上木块，再用手指触摸轮廓上面的木板准确地盖住下面的图形。这样就将儿童的视觉和触觉联系起来，形成一个整体，来识别形状。

——摘自《蒙台梭利幼儿教育科学方法》

专家解读

这个游戏的优点在于适用范围广，对 3 岁以下的孩子也适用，并且可以使孩子长时间地保持兴趣，但是，还是没有玩圆柱体游戏时保持的时间长。事实上，几乎没有一个孩子玩这个游戏时可以重复 5 次或 6 次以上。因为孩子玩这个游戏确实很费劲，他必须仔细观察才能识别形状。

游戏配合

游戏名称：镶块小游戏

适用年龄：3~4 岁

游戏目的：锻炼孩子分辨不同几何图形的能力。

游戏方式：

Step 1

准备一套镶块的教具。将教具中的镶块从方框中取出，打乱放在桌子上。

Step 2

让孩子认真触摸镶块和镶框，等孩子对教具有一定程度的熟悉感之后，继续游戏。

Step 3

让孩子将相应的镶块放入镶框中。孩子拿着一个镶块，在好多镶框中试，经过几次错误之后，将镶块放入正确的镶框中。

Step 4

经过一段时间的练习后，适当增加难度。妈妈可以选择一些形状相似，但大小不同的镶块让孩子进行练习。

☆家长观察笔记

02 增强儿童对几何图形的区分能力

蒙台梭利老师怎么说

当镶块训练进行三四次后，儿童就可以很熟练地识别几何形状，甚至漫不经心地把镶块放到对应的位置上。当儿童表现出这种练习太简单时，就到了引导儿童系统观察几何形状的时机。

这时，我们就需要将儿童的视觉和触觉系统联系起来，让儿童养成在看一种形状时也对其轮廓进行触摸的习惯。由于儿童很喜欢触摸东西，所以养成这一习惯并不难。让儿童用右手食指分别触摸镶块的轮廓和相应的镶框的轮廓。我们已经知道，在各种感觉记忆形式中，肌肉感觉记忆最先发展。所以说，许多儿童还未具备视觉识别物体的能力时，只能靠触摸识别，即通过触摸估量物体的轮廓识别该物体。所以在儿童出现混淆时，只要他触摸镶块和镶框的轮廓，他就能很快成功，而不是徒劳地试来试去。无疑，联合使用触觉和视觉会大大帮助儿童对形状的感知，并将其固定在记忆中。

在对应的硬纸片练习中，我们使用第二套和第三套进行训练。第二套是一些硬纸片和相应形状的木制镶块。用蓝色硬纸片剪成的轮廓重复这些形状。这项练习的目的是，让儿童对形状的感知从具体过渡到抽象。因为，起初儿童只能操作固体物体，接着通过卡片过渡到可以操作的平面图形，进而过渡到线条，但这种线条不是几何平面图形的抽象轮廓，而是儿童常用食指运动的路线，这条路线是运动轨迹。第三套硬纸片上面的图形是用黑线画出的，像前面一样，给儿童相应的木制镶块。这时他对物体的理解已经真正过渡到线条，即过渡到抽象了，而且也有了运动结果的概念。当儿童完成遮盖相应的木制镶块图形练习时，这些表征物体就被引入儿童的内心。

——摘自《蒙台梭利幼儿教育科学方法》

专家解读

镶块练习的优点是，检验是绝对的，因为练习所用的是固定镶块，镶块只能镶入对应的镶框内。这使孩子能自己操作，在形状的视觉、触觉中完成真正的感觉自我训练。

游戏配合

游戏名称：插片练习

适用年龄：3~4 岁

游戏目的：让孩子进一步熟悉几何图形，认识更多的图形。

游戏方式：

Step 1

准备一个“小橱柜”教具。它是一个带有 6 层抽屉的小橱柜，每个抽屉内都有一个带着 6 个方格的方框，每个方框内嵌着 6 个带着圆顶把手的几何图形镶块。

Step 2

将小橱柜内所有图形拿出来放在桌子上，打乱顺序。

Step 3

拿出一层方框，让孩子快速看一眼桌子上的镶块，从中选择合适的镶块，放在对应的方框内。

Step 4

经过一段时间的练习，当孩子能准确地把相应的镶块放到方框中时，孩子就可以很好地区分不同的几何形状了。

☆家长观察笔记

03 图形差异的观察比较

蒙台梭利老师怎么说

在“儿童之家”，当儿童能够正确区分几何镶块的形状时，教师就可以给儿童上名称课了。在上名称课时，教师只是将最常见的名称教授给儿童，比如，正方形、圆形、长方形、三角形、卵形，并不是所有名称。

接下来就是对形状差异进行比较。

教师应该从两个对比鲜明的形状开始教授，比如，正方形和圆形；接下来，要对相似图形进行对比，比如，长方形和正方形。我们要让儿童注意，长方形有的窄而长，有的则短而宽，而正方形的四条边都一样，只有大小不同。用镶框可以很明显地表示出来：把正方形转一个方向，它仍然能放入镶框中；但长方形却不能。如果儿童对这个练习很感兴趣，我们还可以让儿童做难度升级的训练，在一个方镶框里放一个正方形和一组最长边等于正方形的边长，而一边则放逐渐缩短的长方形。

我们同样利用镶框练习，来表示出圆形、椭圆形、卵形的区别：圆形不管怎么放，怎么旋转都能放入镶框里去；椭圆形如果横着放不进去，那么竖着就能放进去；然而卵形不仅横着放不进去，即使竖着放入，头的方向不对也放不进去，因为卵形两头大小是不一样的，它只能是大的一头对着镶框孔大的一头，小的一头对着镶框孔小的一头，才能放得进去。

我们要明白，观察形状和分析形状是不一样的。对于儿童来说，观察形状早已渗透在生活中，比如，儿童每天坐在桌子旁边吃饭，桌面可能是长方形的，盛菜的盘子是圆形的。但是对于形状的名称，就像儿童学叫其他东西的名字一样，不是单纯的圆盘、方桌之类的，所以容易让儿童混淆。

——摘自《蒙台梭利幼儿教育科学方法》

专家解读

家长在对孩子进行镶块练习时，要注意孩子的兴趣度，因为教授形状的区别，并不适合所有孩子，比如，卵形和椭圆形的区别，要在训练最后阶段才揭示出来。当孩子表现出对那些形状特别感兴趣且爱做这个游戏，或者是当孩子问及它们的区别时，再进行解释，因为孩子自发地认识这些区别才是最好的。

游戏配合

游戏名称：图形大比较

适用年龄：3~4 岁

游戏目的：让孩子观察不同图形之间的差异，掌握一些常见图形的名称。

游戏方式：

Step 1

准备一个正方形和圆形的镶块与相应的镶框。

Step 2

让孩子对比圆形镶块和正方形镶块，观察不同。

Step 3

让孩子将正方形镶块放入镶框中，然后，让孩子将正方形取出，调换方向重新放入镶框中，发现正方形还是可以完全放入镶框中。

Step 4

妈妈抓住机会告诉孩子：“正方形的 4 条边是一样长的。”

Step 5

同样将圆形镶块放入镶框中，并且拿出旋转后重新放入，让孩子发现还是可以完全放入镶框中。

Step 6

拿出椭圆形镶块，采用相同的方法，比较圆形和椭圆形的不同。

☆家长观察笔记

04 强化儿童对对称概念的理解

蒙台梭利老师怎么说

一些看似比较枯燥的数学概念，在生活中却无处不在，这些概念虽然不适合教给儿童，但是在生活中，我们却可以处处渗透。儿童作为社会的“观察者”，会在无意当中发现一些新鲜的事物，而这些新鲜的事物就会涉及一些数学概念。比如在“儿童之家”，一个儿童在花园内看到花，通过认真观察，他发现花朵是四瓣的，而且每一瓣都是一样的，这让他为自己的发现感到很开心，这就是儿童已经开始了对对称概念有了探索。

为了让儿童了解对称的概念，在“儿童之家”，教师一般是利用身边的物品来让他们学习，比如，让儿童通过照镜子观察自己的身体，从中发现一些对称的地方，或者是使用一些对称的教具，让儿童自己观察比较。通过这些事物的教授，儿童就会渐渐明白对称的概念。在日常生活中，儿童就会自发地去发现一些对称的事物，并且对自己的发现感到很自豪，因为他们认识到生活中有很多对称的图形。

——摘自《蒙台梭利幼儿教育科学方法》

专家解读

生活中对称的概念处处都有，除了我们认识自己的身体，一个最好的方式就是剪纸。在最开始时，妈妈可以用一些彩色的纸剪一些孩子已经学过的对称图形，比如，将纸对折剪一个圆形，妈妈展开后，孩子如果已经学过图形，就会说：“这是个圆。”然后，再对折起来看，孩子就会发现两边都一样，妈妈就可以和孩子说：“圆和我们一样，都是对称的。”孩子就会很感兴趣地自己动手来剪更多的对称图形。

孩子动手能力会随着年龄的增长越来越强，他们会模仿大人的行为动作，这时就需要我们注意孩子的安全问题，剪纸的剪刀要用专用剪刀，避免孩子受伤。

游戏配合

游戏名称：照镜子

适用年龄：3~4 岁

游戏目的：让孩子通过观察初步了解对称的概念。

游戏方式：

Step 1

准备两面落地的大镜子，镜子内尽量不要出现其他杂物。

Step 2

让孩子和妈妈分别站在一面镜子前，从头到脚认真观察自己的身体。

Step 3

妈妈说："我左右两边都有眼睛、耳朵……"孩子通过听妈妈说，也学着说："我左右两边也都有眼睛、耳朵，还有手……"

Step 4

通过妈妈的引导，孩子观察发现自己身体有些部位是对称的，进而初步感知对称的概念。

☆家长观察笔记

Part 4
儿童的立体感知能力

01 图形认知的升华

蒙台梭利老师怎么说

立体感觉的训练是通过促使儿童触觉和肌肉感觉的结合，来帮助儿童识别物体。我在这种联合感觉的基础上进行了实验，并获得了可喜的教育成果。为了帮助教师对幼儿的教育，我介绍一些训练方法。

我们的第一套教具是由 24 块福禄贝尔砖块和 24 块立方块组成。第一步是让儿童注意这两个物体的不同形状，要他们仔细准确地观察这些物体，并反复用语言提醒他们把注意力集中在物体各自的特点上。第二步是告诉儿童把立方块放在右边，把小砖块放在左边，只是触摸，不用眼睛看。第三步是让儿童蒙住眼睛，再重复这种练习。在练习中几乎所有的儿童都能做好这个练习。经过两三次后，他们能够完全不出错。由于需要练习的次数比较多，通过这个游戏便能使儿童保持一定时间的注意力，并且还有一群热情的感兴趣的伙伴观看，大大增添了儿童的乐趣。

在这个练习中，不同的儿童有不同的反应，有的儿童是先感觉形状，有的是先识别物体，年龄小的儿童更倾向于先感觉物体的轮廓。这个练习不仅能训练儿童迅速判断的能力，并且具备完全适合儿童的优点。

——摘自《蒙台梭利幼儿教育科学方法》

专家解读

通过触摸感觉练习立体感，可以使孩子在识别物体的同时得到快乐。在生活中，还可以让孩子通过各式各样的方式进行练习，如可以使用不同物体——孩子日常生活常接触使用的任何小物体——玩具小车、小球、各种硬币。另外，也可以让孩子区别一些差距较小的物体，如小麦和大豆。对于不需要用眼睛就能区分各种物体这件事，孩子是很自豪的。

游戏配合

游戏名称：不一样的立体模型

适用年龄：4~5岁

游戏目的：锻炼孩子的立体感知能力，分辨不同的立体模型。

游戏方式：

Step 1

准备球体、长方体、圆柱体和圆锥体木块各一个，准备一套相应形状的橡皮泥块。

Step 2

让孩子坐在桌前，仔细观察这些立体模型。

Step 3

让孩子戴上眼罩，用手触摸这些形状，摸到相同形状的立体模型时，将木质的放在右手边，橡皮泥做的放在左手边。

Step 4

然后让孩子摘掉眼罩，让孩子检查是否正确。可以多练习几次，直到孩子可以轻松分辨所有立体模型。

☆家长观察笔记

02 深入认知体积概念

蒙台梭利老师怎么说

在儿童接触立体几何时，必然会涉及物体体积的概念。为了让儿童明白体积是怎么一回事，我在教儿童时，采用的是粉红塔教具。这套教具在识别物体大小时我们已经用过，他们非常熟悉。

粉红塔教具包括 10 个大小不同的粉红立方体。这些立方体的边长是根据一定规律逐渐递增的，第一个立方体的边长为 1 厘米，第二个为 2 厘米，第三个为 3 厘米，以此类推，第十个则为 10 厘米。这些立方体的体积存在某种关系。我给儿童提供了比较多的边长为 1 厘米的立方块，让他们分别拿边长为 1 厘米的立方块拼成边长为 2 厘米、3 厘米的立方块；再将边长为 2 厘米的立方块放在左手边，在右手边照着左手边的立方块用单元立方块进行拼接，拼完后再进行对比。这个游戏可以让儿童专注力维持更长的时间。

在这个游戏中，儿童知道了 8 个边长为 1 厘米的立方体才能构成一个边长为 2 厘米的立方体；27 个边长为 1 厘米的立方体才能构成一个边长为 3 厘米的立方体。他们建立了空间的概念，会主动地前后、左右、上下查看自己拼得是否正确。

——摘自《蒙台梭利幼儿教育科学方法》

专家解读

涉及立体几何的游戏，除了要教授孩子相应的几何概念，更主要的是要培养孩子的空间想象能力。采用粉红塔教具，我们用单元立方块（即长、宽、高均为 1 厘米的立方块）来拼其他大小的立方块，可以让孩子很好地建立空间想象能力，让孩子知道，除了自己眼睛看到的，还有很多是看不到的，或者是需要换个视角才能看到的。孩子在明白立体构造之后，才能对体积有更深刻的理解。

游戏配合

游戏名称：会变魔术的橡皮泥

适用年龄：4~6 岁

游戏目的：让孩子认知体积的概念，了解体积的意义。

游戏方式：

Step 1

和孩子一起选择两块一样大小、一样颜色的橡皮泥。

Step 2

把两块橡皮泥放在桌子上，让孩子仔细观察这两块橡皮泥是不是一样大。

Step 3

妈妈将其中的一块橡皮泥捏成球体，另外一块橡皮泥保持原样，完成后，放在桌子上，让孩子观察两块是不是一样大。

Step 4

然后妈妈再将球状的橡皮泥捏成长条状，让孩子对比观察是不是一样大。

Step 5

让孩子动手用橡皮泥捏一些其他形状，再做比较，发现还是一样大。这时，妈妈可以告诉孩子：“虽然这些物体形状不同，但是由于用的是相同大小的橡皮泥，所以体积还是一样的。”

☆家长观察笔记

03 建立儿童的抽象容积概念

蒙台梭利老师怎么说

在数学学习中，立体几何都是空间概念，对于儿童来说是相对比较难的。在“儿童之家”对儿童进行容积概念的介绍也要根他们的能力和接受程度进行。只有对一些立体感比较强的儿童，教师会设置一个简单的游戏，引导儿童对容积有一个简单的认知。

游戏是这样的：准备形状不同，大小不同的杯子 5 个，用量杯选取一样容量的水，分别加入这些杯子中。当所有杯子内都装上相同多的水后，将它们排成一列让儿童进行观察，他们会发现有些杯子内的水很少，而有些杯子内的水都快要溢出来了。当儿童自己去观察这些杯子有什么不同时，就会很容易发现杯子大小不同，或者是杯子的形状不同。这时，教师就可以适当地引入容积这个概念。通过这个简单的游戏，儿童很快就发现了其中的奥秘，原来这是由于杯子大小不同造成的，从而让儿童体验到容积的概念。

——摘自《蒙台梭利幼儿教育科学方法》

专家解读

这个游戏并不适合年龄比较小的孩子，除了因为他们还不具备立体概念，这些游戏还会有些比较精密的操作，但有些孩子的发育还没有到这个程度，这样，会对孩子和家长造成困扰。

对于一些可以很好地掌握这个实验的孩子，为了增强实验的趣味性，我们可以利用一些生活中孩子喜欢玩的东西，如沙子。当然，我们也可以不进行对比实验，而可以在生活中不断给孩子渗透容积的概念，如告诉孩子一壶水大概有 1 升，一瓶矿泉水有 500 毫升左右。

游戏配合

游戏名称：量米游戏

适用年龄：4~6 岁

游戏目的：让孩子认知容器的容积。

游戏方式：

Step 1

准备一些大米，4 个形状不同的透明瓶子，一个漏斗，一个塑料小碗。

Step 2

妈妈说："现在我们分别在这 4 个瓶子中装上一碗米。"孩子要把漏斗放在瓶口，把一碗米通过漏斗倒入瓶内，在倒米的过程中，让孩子尽量不要把米撒出来。

Step 3

当每个瓶子装好大米之后，妈妈将 4 个瓶子并排放在桌子上，让孩子观察瓶内的大米，看哪个瓶子里的米多，哪个瓶子里的米少。

Step 4

妈妈在旁边提醒孩子："我们每个瓶子里装的都是一碗米，说明米是一样的，为什么装到瓶子里就不同了呢？"让孩子认真思考，这时孩子会发现瓶子的形状不一样，瓶子有的粗，有的细，有的还有"大肚子"。

☆家长观察笔记

04 引导儿童对边角进行探索

蒙台梭利老师怎么说

前面我们说过，几何图形分析不适用于年幼的儿童。我曾试过将一种方法引进各种分析教育，但是只局限于长方形，并要用游戏的形式进行。这个游戏中包括几何分析，但又不把儿童的注意力固定在分析上面，在游戏的过程中提供了非常明确的概念。

在这里我们使用的长方形是儿童使用的长方形餐桌。游戏是“摆桌子进餐”。我们每个“儿童之家”都有一套在玩具店就能买到的玩具餐具。我们日常生活中使用到的餐具都有，比如，有菜盘、汤盘、汤钵、盐瓶、玻璃杯、小口瓶、小刀、小叉、小匙等。首先，我叫他们摆好 6 个人用的餐具——桌子长边各摆两套，桌子短边各摆一套。一个儿童按照我的指示去摆。其次，我叫他把汤钵摆在桌子的中央，餐巾摆在桌子角上，把餐盘摆在短边的中间。

然后，我叫那个儿童看着桌子，我说：“这个角上还缺点东西，在这一边我们还要摆一个杯子。我们检查一下，两条长边是不是都摆齐了，在短的两边都摆齐了吗？ 4

个角上还缺点什么东西吗？”

我认为 6 岁以下的儿童不能做比这复杂的分析，因为总有一天儿童应该自己拿起平面镶块，自发地开始去数它的边和角。当然，如果我教给他们这些概念，他们也可能学会，但仅限于知道名称，而没有应用的经验。

——摘自《蒙台梭利幼儿教育科学方法》

专家解读

在幼儿教育的过程中，最重要的是要注意孩子的积极性和接受程度，如果某些知识概念孩子还没有做好消化吸收时，是不应该强行教给孩子的，尤其几何分析是一项很难的课程，对年龄较小的孩子是不适合的。如果采用的方法不当，会打击孩子学习几何的积极性。甚至在多年以后，孩子真正学到几何时，还会有抵触情绪。

游戏配合

游戏名称：布置餐桌

适用年龄：4~5 岁

游戏目的：让孩子初步进行几何分析，了解长方形的边、角和中心。

游戏方式：

Step 1

准备一张长方形餐桌，几套玩具餐具，让孩子按照 6 个人的标准布置餐桌。

Step 2

让孩子在桌子较长的两边分别摆放两套餐具，在短边上摆放一套餐具。

Step 3

让孩子将汤钵放到桌子中心，将餐巾放在桌子角上。

Step 4

等孩子放完这些物品后，让孩子把一个盘子放在桌子较短一边的中间位置上。

Step 5

让孩子认真观察桌子上的物品，还差什么，让孩子把玻璃杯放到桌子的某一个角上。

Step 6

让孩子再认真观察一下桌子，对孩子说："我们检查一下，两条长边是不是都摆齐了，在短的两边都摆齐了吗？ 4 个角上还缺点什么东西吗？"

☆家长观察笔记

Part 5
数字让儿童了解数学

01 激发儿童数数的兴趣

蒙台梭利老师怎么说

大多数 3 岁的儿童数数已经能够数到 2 或 3 了，刚到我们“儿童之家”的 3 岁儿童也能达到这样的水平。所以，在我们的算术教学中，他们能够很容易学会数数。

为了让儿童学会数数，我们可以采用很多不同的方式，并且日常生活也为儿童数数提供了很多机会。比如，妈妈可以对孩子说：“你的衣服上掉了两颗纽扣。”“我们还需要 3 个盘子。”

在我们的算术教学中，我最早采用的办法是数钱。我通常会找来一些很新的钞票作为儿童数数的工具，如果条件允许的话，我也会用一些卡片将其复制成很漂亮的假币来进行，我曾经在伦敦的儿童学校中，见过教师使用这种假币。

换钱是一项很有趣的数数活动，儿童对此项活动乐此不疲。在“儿童之家”教授数数时，通常我会给他们 1 生丁、2 生丁和 4 生丁的硬币，让他们到我这里来换零钱，用这种方法，可以很容易地引导儿童数到 10。

在日常生活中，钱币是我们最常见，也是对儿童来说最具吸引力的数数工具。在数数时，使用钱币进行练习，还可以让儿童熟悉日常生活中使用的钱币，这比任何其他的方式和练习都更为实际、更为实用。因为钱币与儿童的日常生活紧密相连，这大大提高了他们的兴趣。所以说，在日常生活中，家长在锻炼儿童的数数能力时，可以找到儿童的兴趣点，或者是日常生活中常常接触的东西，比如，吃饭的勺子、公园的落叶、玩具汽车等。

——摘自《蒙台梭利幼儿教育科学方法》

专家解读

在我国，很多孩子在学龄前阶段数数就已经非常好了。孩子的数学学习就是从数数开始的，所以说数数在孩子的数学学习过程中扮演着非常重要的角色。一切数学活动都是建立在数数的基础上，也就是说数数非常关键，正如汉语拼音对学习语文的作用是一样的。数数在孩子的生活和学习中都起着不可或缺的作用，家长及教育工作者对孩子数数的教育必须重视，同时还要讲究方式方法，提高孩子的兴趣，进而提高孩子的数学能力。

游戏配合

游戏名称：数落叶游戏

适用年龄：3~4 岁

游戏目的：让孩子通过对事物的数数，提高孩子的数数兴趣。

游戏方式：

Step 1

不需要准备物品，带孩子到能捡到落叶的公园。

Step 2

和孩子一起动手捡地上的落叶。

Step 3

和孩子一起坐在公园的石凳上，数捡到的树叶。

Step 4

在孩子数数的过程中，家长不要打断孩子，等孩子数完再检查。

Step 5

等孩子数完后，家长随便说出其中一个数字，让孩子数出相应数量的树叶。

☆家长观察笔记

02 对儿童系统数数的训练

蒙台梭利老师怎么说

通过上文所讲的经验方式教过数数后，我便让儿童开始更为系统地练习。使用的教具是一套在感觉训练中已经用过的教具，即用来计算长度教学的 10 根棍子。其中，最短的棍子为 10 厘米，最长的棍子为 1 米，把每根棍子按 10 厘米一段划分，段与段相间交错分别涂成红色和蓝色。

一天，我们让一个儿童把这些棍子按长度顺序摆好后，再让他从最短的一根开始，数红色和蓝色记号，即 1；1、2；1、2、3；等等。每数一根棍子时都要返回到 1，从 A 边开始。然后再让儿童摸着呈阶梯状的边，说出每一根棍子由几段组成，从最短的开始。结果依次是 1、2、3、4、5、6、7、8、9、10，与最长一根棍子的段数是一样的。想要知道棍子的数目，就从 A 边数，结果也是 1、2、3、4、5、6、7、8、9、10。这就相当于三角形的 3 条边，便于儿童自己验证自己的数数是否正确。由于这一练习十分有趣，儿童乐意反复进行。

现在我们把数数练习和上面认识长短棍子的感知练习合并起来。先把这些棍子混放在地毯上，教师从中选出一根给儿童看，让他说出这根棍子的段数，如 5 段。然后，让儿童按长度顺序凭目测选出下一根，并让他把选出的这根棍子与前一根棍子并放在一起，数出段数，以便查证选的是否正确，这种联系可以用不同种方式反复进行。在这种练习中，教师可以让儿童学着给这一长“阶梯”中的每一根棍子取一个特定的名称。这里可以叫它们一号棍、二号棍等。最后为了方便起见，在课堂上可以简称它们为 1、2、3 等。

——摘自《蒙台梭利幼儿教育科学方法》

专家解读

在这里的利用三阶段教学方法是指：首先，将 3 根木棒命名为 1 号木棒、2 号木棒、3 号木棒。其次，家长将木棒拿在手中或者指着木棒对孩子说：“这是 1，这是 2，这是 3。”最后，家长用手指着木棒上的红色和蓝色的标记，再次清楚地告诉孩子：“1、2，这是数字 2。”“1、2、3，这是数字 3。”这样训练一段时间后，家长可以和孩子说：“请给我数字 1。”“请给我数字 2。”孩子能准确地回应后，家长可以指着木棒问孩子：“这是数字几呢？”孩子会回答：“2。”

游戏配合

游戏名称：彩色数数木棒

适用年龄：3~4 岁

游戏目的：让孩子开始系统地学习数 10 以内的数字。

游戏方式：

Step 1

让孩子按照彩色木棒的长短，将木棒排列在一起。

Step 2

让孩子从最短的一根木棒开始，数红色和蓝色的数量，也就是这样数：1；1、2；1、2、3……以此类推。

Step 3

在数每根木棒上红色和蓝色的标记时，都要从数字“1”开始。

Step 4

数完木棒上红色和蓝色的标记后，让孩子数一数木棒的根数，孩子同样会得到1、2、3、4、5、6、7、8、9、10。

Step 5

让孩子根据木棒上红色和

蓝色的标记个数为木棒进行命名，数两个，就命名为 2 号木棒。

Step 6

我们可以用三阶段教学方法，让孩子对数数有一个清晰的概念。

☆家长观察笔记

03 从数量到书写符号

蒙台梭利老师怎么说

此时，如果儿童已经会书写，我们便可以用砂纸剪成数字或用数字卡片让儿童学习。所采用的教学方法和教字母的方法一样。我们给出一张卡片，对他说：“这是1”“这是 2”“给我 1”“给我 2”“这是什么数？”等，让他像用手触摸字母一样触摸这些数字。

书写符号和数量的练习：

我设计的那个托盘，每个分成 5 个小格。每格的底部可以放一张有数字的卡片。第一个托盘里的数字是 0、1、2、3、4，第二个托盘里的数字是 5、6、7、8、9。

练习很简单，就是按照格子底部卡片上注明的数字，把相应数量的物件放到格子里。为了变换形式，我便给儿童准备了各种物件，但主要是木钉，其形状做得使它不至于从桌子上滑落下来。我们把一定数量的木钉放到儿童面前，让他放到正确的格子里，如 1 颗木钉便相当于卡片上的 1。儿童放完木钉后，便把托盘拿给教师看，让教师检查他做得是否正确。

——摘自《蒙台梭利幼儿教育科学方法》

专家解读

从数数到数字符号，是从具体到抽象的一个转化过程，在这个过程中我们需要将具体的事物和抽象的数字符号结合起来，不能是单独地写出数字，以让孩子记住这是1、2、3等。在这个计数盒的教具中，有个盒子的格内写的是0，家长要告诉孩子这个盒子里面什么都不放。放木钉时，要从印着数字1的格子开始放。

游戏配合

游戏名称：有趣的计数盒

适用年龄：4~5岁

游戏目的：让孩子将数字符号和数量联系起来，深入学习数字。

游戏方式：

Step 1

准备两个分别有5个格子的盒子，格子底部印有数字0~9这几个数字，一套木钉。

Step 2

把盒子放在桌子上，把木钉放在盒子的右边。

Step 3

妈妈给孩子做示范，一边示范一边说："格子里印着 2，那需要向格子内放两颗木钉。"

Step 4

当孩子明白妈妈的意思后，让孩子将木钉按照盒子上相对应的数字放进格子里。

☆家长观察笔记

04 逐步加深儿童对0的认知

蒙台梭利老师怎么说

我们等到儿童指着卡片上标着0的格子问：“这一格我该放多少呢？”这时，我们便回答：“什么都不放，0就是什么都没有。”但是往往这样回答还不够，还必须让儿童理解我们所说的“什么都没有”的意思。为此，我们采用了一个广泛用于吸引儿童的小游戏。我站在儿童中间，对一个已经用过上述教具的儿童说：“过来，到我这里来0次！”他几乎一步一步地朝我走来，然后又走回他原来的地方。我则说道：“孩子，你来了一次啊，而我是叫你来0次！”于是他开始迷惑不解：“那么我该怎么办呢？”“什么都不干，0就是什么都没有。”“那么怎么做到什么都不干呢？”我便告诉他：“你什么都不要做，你必须静静地坐着，你完全不必过来，一次也不要来，0次就是一次也没有。”反复这样的练习，一直到他们理解了为止。后来，当我叫他们来我这里0次，或是抛给我0个飞吻时，他们都非常高兴地静静地保持不动。他们经常自己叫喊道：“0就是什么都没有！0就是什么都没有！”

——摘自《蒙台梭利幼儿教育科学方法》

专家解读

对于 3 岁左右的孩子，刚开始对 0 这个数字是很困扰的，但我们告诉孩子一次“0 就是什么都没有”时，他还是懵懵懂懂的，这时我们就不能只是一味地说这句话，而要将它引入游戏中，这样孩子才能对 0 有更深刻的了解，也不会对数字符号的学习产生厌烦心理。

游戏配合

游戏名称：有趣的数字 0

适用年龄：4~5 岁

游戏目的：全面理解数字 0 的含义，深入认知数字 0。

游戏方式：

Step 1

在 5 张纸条上分别写上 0~4，将其对折起来，并准备 15 颗木钉。

Step 2

妈妈邀请 5 个孩子坐在桌子周围，让孩子们从数字卡片中分别抽取一张。

Step 3

抽完数字卡片后，妈妈告诉孩子们："打开卡片，看一看卡片上的数字，看完后折叠好，不要让其他人看到你卡片上的数字。"

Step 4

让孩子们记住卡片上的数字，然后按照卡片上的数字从桌子上取相应数量的木钉放在自己面前。

Step 5

等孩子完成后，妈妈让孩子们读出卡片上的数字，并且让孩子们看看和自己拿到的木钉数量是否一致。

Step 6

妈妈问没有拿木钉的孩子："你为什么没有拿呢？"孩子回答："我的卡片上是数字0，所以我什么也没有拿。"这时，再次对孩子说："0就是什么都没有，这个小朋友做得很正确。"

☆家长观察笔记

05 强化儿童对数字的记忆

蒙台梭利老师怎么说

当儿童已认识书写的数字，已懂得这些数字的意义时，我就叫他们做下面的练习。

我从旧日历上剪下数字，把它们贴在纸条上，并把纸条折叠起来放进一个盒子里，让儿童从中抓出一张纸条，拿回到自己的座位，打开看一下，然后再折叠起来以保守秘密。然后，让他们一个一个地或一组一组地（自然，他们都是班上的大孩子）走到教师的讲桌旁，桌子上摆着各种各样的小物品，让每个儿童选出与他所抽到的数字一样多的物品。这时因为纸条还留在自己的座位上，还神秘地折叠在那儿，所以他们必须记住纸条上的数字，不仅在走向和离开讲桌的过程中要记住，而且在挑选物品、一个一个地数物品的件数时也要记住。这时，教师可以做一次有关数字记忆的有趣的个体观察。

当儿童把所选出的物品按两个一行摆放在自己的桌子上时，教师走过去打开纸条，念出上面的数字，并数出物品的件数。

——摘自《蒙台梭利幼儿教育科学方法》

专家解读

在我们开始玩这个游戏时，常常发生孩子拿的件数要比纸上写的件数多的情况。这并不完全是因为孩子没有记住数字，而是由孩子喜欢占有大量的东西这种癖好引起的，他们本能地有些贪多。教师要想办法给孩子解释清楚，把桌子上所有的东西都拿去也没用，游戏的意义是按纸条上贴着的数字准确取走物品。

这不仅是一个记忆数字的游戏，更是一个锻炼意志的游戏。尤其是拿到 0 的孩子，即使看到伙伴们都去自由地取东西却不允许他取东西时，也不应该离开座位。

游戏配合

游戏名称：拿积木游戏

适用年龄：4~5 岁

游戏目的：通过让孩子按照数字拿相应数量的物品，加深孩子对数字的记忆。

游戏方式：

Step 1

准备一些硬卡纸，用彩笔分别在上面写上 0~9，并将其折叠起来，放到一个盒子里。

Step 2

让孩子抽取一张卡片，孩子看完后，让他将卡片折叠起来，放好。

Step 3

让孩子在桌子中间的积木盒中取相应数量的积木。

Step 4

让孩子将积木整齐地放在自己面前的桌子上，然后将卡片展开，大声读出卡片上的数字。

☆家长观察笔记

Part 6
算术的初步学习

01 10 以内的加法

蒙台梭利老师怎么说

用于初步的算术运算，教学教具与数数教具相同，就是分段的长短棍子。按米制尺寸分别排列，包含着十进制的初步概念。

我已经说过，这些棍子可以用它们所代表的数字来称呼：1、2、3 等。把它们按长度排列起来，也就是把它们按数字顺序排列起来。

第一个简单练习是把较短的棍子以一种能构成 10 的方式放在一起。最简单的做法是从最短的 1 开始，连续地一根根地把棍子放到 9 以下相应的棍子的末端。在练习过程中，教师可以告诉儿童：“把 1 加到 9 后面，把 2 加到 8 后面，把 3 加到 7 后面，把 4 加到 6 后面。这样我们便构成 4 根等于 10 的棍子。还剩下一根 5，如果再有一根 5，正好与 10 相等。”

反复进行这些练习，儿童就能逐渐学会相应的语言：9 加 1 等于 10；8 加 2 等于 10；7 加 3 等于 10；6 加 4 等于 10；而对于剩下的 5，则是 5 加 5 等于 10。最后，如果儿童已经学会了书写，教师便可以教他们加号和等号。这样我们便可以看到，在儿童的练习本上整齐地写着：

9+1=10

8+2=10

7+3=10

6+4=10

5+5=10

儿童一旦掌握了这些练习，就会自发地把练习扩展开。我们能用两种方法得到 3 吗？我们把 1 放到 2 后面，并写下来，以便记忆，那是 1+2=3。我们能够两根棍子组成 4 吗？ 3+1=4。经过这样的练习，儿童就可以很快掌握 10 以内的加法。

——摘自《蒙台梭利幼儿教育科学方法》

专家解读

在孩子接触到算术运算的开始阶段，还是需要从数的概念进行切入。通过数数时使用的长短棍子，对数的拆分和构成，令孩子对运算的概念有一个基本的构建，在潜移默化中进行加法的学习。这个期间需要家长及教育工作者有足够的耐心，来正确引导孩子。

游戏配合

游戏名称：木棒集合

适用年龄：4~5 岁

游戏目的：让孩子学习 10 以内的加法。

游戏方式：

Step 1

准备一套彩色木棒。

Step 2

让孩子将木棒按照长短整齐地摆放在地毯上。

Step 3

妈妈告诉孩子：“拿起木棒 1 放到木棒 9 的边上；拿起木棒 2 放在木棒 8 的边上；拿起木棒 3 放在木棒 7 的边上；拿起木棒 4 放在木棒 6 的边上。”

Step 4

通过这样的训练，孩子就得到了 4 组放在一起等于 10 的木棒。孩子这时就会发现剩下的木棒 5，两根木棒 5 放在一起也同样可以得到 10。

Step 5

不断重复上述练习，孩子就会得出：9 加 1 等于 10；8 加 2 等于 10；7 加 3 等于 10；6 加 4 等于 10；5 加 5 等于 10。

☆家长观察笔记

02 10以内的减法

蒙台梭利老师怎么说

当儿童掌握10以内的加法后，我们就叫他们注意下面这项工作，即把组成10的第一组拿走4留下6；第二组拿走3留下7；第三组拿走2留下8；最后一组拿走1留下9。恰当的说法是，10减去4等于6；10减去3等于7；10减去2等于8；10减去1等于9。到剩下的5，把长棍子一分为2，就是10减去5等于5。教会儿童书写减号。把这些写出来就是：

$$10-4=6$$

$$10-3=7$$

$$10-2=8$$

$$10-1=9$$

$$10-5=5$$

儿童就会进行拓展练习，用3和1两根棍子组成4，可以得到4-1=3；4-3=1。

这些练习很快就会变得单调乏味，幸而练习的方式是很容易变化的。重新组合长棍子，不再把最短的 1 放在 9 后面，而是放到 10 后面。同样把 2 放到 9 后面，把 3 放到 8 后面。这样我们得到比 10 还长的棍子的组合。我们可以教儿童学会叫这些长度为 11、12、13……直至 20。也可以利用小立方块来让儿童记忆这些较大的数字。

儿童学会 10 以内的加减运算，就不难进到 20 以内的加减运算了。

——摘自《蒙台梭利幼儿教育科学方法》

专家解读

减法的学习是在加法的基础上进行的，所以说在进行减法运算的学习前，可以让孩子先进行加法的练习，在熟练掌握加法运算之后，抓住恰当的机会进行减法的练习，让孩子在头脑中对减法有一个初步的概念。

游戏配合

游戏名称：木棒大撤退

适用年龄：4~5 岁

游戏目的：让孩子学习 10 以内的减法。

游戏方式：

Step 1

准备一套彩色木棒。

Step 2

让孩子进行加法练习，组成4根等于10的木棒。

Step 3

这时告诉孩子：“从最后一组10中，把木棒4拿走，剩下了木棒6；把木棒3拿走，剩下了木棒7；把木棒2拿走，剩下了木棒8；把木棒1拿走，剩下了木棒9，将拿走的木棒放回原来的位置。”

Step 4

为了让孩子更清楚，我们可以说，10减4等于6；10减3等于7；10减2等于8；10减1等于9。

Step 5

孩子不断重复这样的练习，就可以逐步掌握10以内的减法练习。

☆家长观察笔记

03 掌握进退位加减法运算

蒙台梭利老师怎么说

这项训练所需教具包括一些方纸卡片，上面印着大字号的 10，以及另外一些长方形卡片，其大小为长方形卡片的一半，上面分别印着 1~9 单个数字。我们把数字排成一行：1，2，3，4，5，6，7，8，9，10。接下去没有其他数了，我们必须返回，再从 1 开始往下数，但这个 1 比原先的要大，为了把它与原先的 1 区分开来，我们便在它后面加一个符号 0，得到 10。用长方形卡片上的数字按顺序覆盖这个 0，我们便可以看到：11，12，13，14，15，16，17，18，19。再用那套棍子组成的这些数字，在 10 号棍子上加 1 号棍子，形成一根很长的棍子，数出这根棍子上红蓝相间的段数，也得到 11。

然后，教师给儿童出示 16 的卡片，儿童便把 6 号棍子放在 10 号棍子后面。教师再把 6 拿走，在 0 的位置上覆盖上 8，于是儿童便把 6 号棍子拿走，换成 8 号棍子，得到 18。每做一次可以记录一下：10+6=16；10+8=18；等等。我们也用相同的方法进行减法。

当儿童都明白了这些数的意义时，就可放一张综合的长方形卡片，把印有 1~9 的数字的长方形卡片重新排放成 A 和 B 两栏。

A	B
10	10
10	20
10	30
10	40
10	50
10	60
10	70
10	80
10	90

在卡片 A 上的第二个 10 的 0 上重放上 1 的长方形卡片，在下一个 10 的 0 上重放上 2 的长方形卡片，以此类推。这样 10 的左边一行不变，而右边一行的数则是从 0~9，即是：

10
11
12
13
14
15
16
17
18
19

卡片 B 应用要更复杂一些。重放上长方形卡片后就成为差为 10 的数列。

几乎所有儿童都能数到 100。给他们 100 这个数字，能满足他们想学这个数字的好奇心。

我想这一阶段的教学没有必要再做进一步说明了。每个教师都可以利用儿童容易使用的简单物品来扩充实际的算术运算练习。

——摘自《蒙台梭利幼儿教育科学方法》

专家解读

当孩子了解 10 以内的加减法之后，就会想知道除了 10 还有什么数字，这些数字加减运算是怎样做的。为了满足孩子的好奇心，就要对 10 以上的数字及其加减运算进行一个简单的教学。这个阶段的教学，起初还是要从简单的运算练起，如果一开始就太难，容易打击孩子的积极性，所以，家长要注意孩子状态的变化，合理把控教学的难易程度。

游戏配合

游戏名称：邮票游戏

适用年龄：4~5 岁

游戏目的：帮助孩子掌握进位加法运算。

游戏方式：

Step 1

在邮票教具中选择几枚面值为 10 的邮票，选择几枚面值为 1 的邮票，再准备一支彩色铅笔和几张白纸。

Step 2

妈妈在白纸上写出一个简单的十进位加法算式，比如，14+8=？。然后妈妈按照个位和十位的顺序，从右到左，用邮票排列 14，然后把 8 用邮票排列在 14 的下面，要个位、十位上下对齐。

Step 3

妈妈告诉孩子将这两个数，从个位开始加到一起。

Step 4

4+8=12，一共有 12 枚邮票，也就是 10+2，将 10 枚面值为 1 的邮票换成一枚面值为 10 的邮票，将 10 枚面值为 1 的邮票放在盒子里。

Step 5

将换出来的面值为 10 的邮票放在十位上，这时个位上就剩下两枚面值为 1 的邮票。

Step 6

按照个位的方法，对十位进行计算，最终得出这道算式的结果是 22。

Step 7

妈妈示范完成后，给孩子新的题目进行练习。

☆家长观察笔记

04 强化儿童加减运算能力

蒙台梭利老师怎么说

儿童在学会 10 以内的加法运算时，就已经开始自发地进行拓展练习了。他们拿着木棒进行随机组合，并且不断地尝试，试图找出相同点和不同点，进行加减的练习。这就是儿童在其感兴趣之后的一个自发的过程，也是儿童智力发展的过程。

儿童是自己在极力地、自愿地理解和模仿。儿童教育应该是直接减少不必要的精力消耗，使它本身变成一项能广泛掌握知识的轻松的娱乐。我们是那些刚步入人类思想世界的“旅行者”的向导。我们应该成为聪明的、有修养的向导，不说废话，清楚简明地讲解“旅行者”感兴趣的艺术般的工作，并尊重他们，让他们尽情观察、练习，自己不断摸索。

加减运算能力的练习也是一样的，我们教会儿童基本方法，具体的练习是需要在儿童的兴趣点上进行操作的，这样儿童的思想也会进一步发散开来，从而领会更深层次的内容。

——摘自《蒙台梭利幼儿教育科学方法》

专家解读

在进行加减法练习时，有时家长会太过于功利，想让孩子在短时间内就学会，甚至是要学会较为复杂的运算，他们不会太在意这时孩子的情绪是怎样的，也许在这个过程中孩子有很厉害的哭闹，或者是注意力不集中，家长普遍会采用高压形式逼其就范，但是收效甚微。

那么，在进行复杂算术训练时，家长要注意从孩子的兴趣点出发，可以在生活中观察孩子对什么感兴趣，从孩子的方向切入，进行练习。

游戏配合

游戏名称：纸牌“凑 10”

适用年龄：4~5 岁

游戏目的：巩固 10 以内的加减法练习。

游戏方式：

Step 1

准备一副扑克牌，从中将方块、梅花、黑桃和红桃各种花色 1~9 的数字取出，一共 36 张。

Step 2

拿出一张 10 的扑克牌做标志，放在旁边，并告诉孩子我们今天的玩法是“凑

10”。也就是两张扑克牌的数字加到一起等于 10。

Step 3

洗好 36 张扑克牌，从中随意抽出一张，倒扣在标志 10 的旁边。两个人规定谁先来抓牌，然后准备开始。

Step 4

两个人各自整理自己手中的扑克牌，从中拿出可以组成 10 的扑克牌放到身边，全部组合完之后，剩余扑克牌少的那个人就从对方手中抽牌。

Step 5

抽到扑克牌后，看看有没有可以和自己手中的扑克牌组成 10 的，如果有，就放在旁边。

Step 6

按照上面的方法和妈妈轮流来抽牌，看看谁的扑克牌最先被抽完。

☆家长观察笔记

Part 7

复杂运算的练习

01 感受乘法运算

蒙台梭利老师怎么说

在我们进行加减法练习时，在算到 5+5 时，是将剩下的一根 5 号棍子，把它倒一下头，正好等于 10；很明显，5 的 2 倍是 10，这时就可以引入乘法的概念。教儿童学会写乘号。儿童在练习本上写出 5×2=10。

在儿童进行加法练习时，发现 2 号棍子和 4 号棍子的关系与 5 号棍子和 10 号棍子的关系处理方法一样，即我们把 2 号棍子倒头，让儿童看出 4 号棍子是它的 2 倍；另一个问题是，我们能用多少根棍子来做这样的游戏。我们还能用上 3 和 6，4 和 8。

2×2=4

3×2=6

4×2=8

5×2=10

让儿童不断尝试，不断发现，在不断发现 2 倍关系，甚至会自己摸索出 3 倍关系时，就可以慢慢接触乘法。

——摘自《蒙台梭利幼儿教育科学方法》

专家解读

乘法运算是在加法运算的基础上进行的，当孩子知道 2+2=4，3+3=6，4+4=8，5+5=10 时，就可以将这些算式单独摘出来，让孩子来总结有什么规律。当孩子总结出是两个一样的数字相加时，才可以适时引入乘法这个概念，让孩子知道 2×2=4，3×2=6，4×2=8，5×2=10。

但是，当有的孩子不能理解或者接受这个概念时，我们应该将节奏放缓，因材施教。

游戏配合

游戏名称：乘法板游戏

适用年龄：4~5 岁

游戏目的：让孩子明白多个相同的数相加为乘法，学习乘法运算。

游戏方式：

Step 1

准备一套乘法板教具。将乘法板摆放在桌子中间，将装有红色珠子的盒子和小碗放在乘法板的右侧，将数字板放在乘法板附近，将红色筹码放在乘法板的左上侧指定位置。

Step 2

说出题目，比如，3×4=？。将题目放在乘法板的上方。拿出数字卡片 3，从乘法板的左侧小孔插进去。

Step 3

将红色筹码放在乘法板数字 1 的上方，然后在数字 1 的下方的圆形小洞内垂直排列出 3 颗红色珠子，并说："这是 1 个 3。"

Step 4

将红色筹码放在数字 2 的上方，然后在数字 2 的下方的圆形小洞内再垂直排列出 3 颗红色珠子，并说："这是 2 个 3。"

Step 5

按照上述方法依次排列出数字 3 和数字 4 下方的红色珠子。

Step 6

放完红色珠子之后，数一数乘法板上红色珠子的数量。随后，将红色珠子一颗一颗放进小碗内，一边放一边数，用来检查最后的结果。这样就可以得到最终结果是 12。

☆家长观察笔记

02 了解除法运算

蒙台梭利老师怎么说

在减法练习中，在说到 5 是 10 的一半时，把长棍子一分为二，即是 10 除以 2，我们便得到 5。这时可以教儿童学习写除号。把这些写出来就是 10 ÷ 2=5。通过除法训练，我们同样可以写出 4 ÷ 2=2，6 ÷ 2=3，8 ÷ 2=4，10 ÷ 2=5。

这时我们发现，曾用在数字记忆游戏中的立方块在这里也有用。

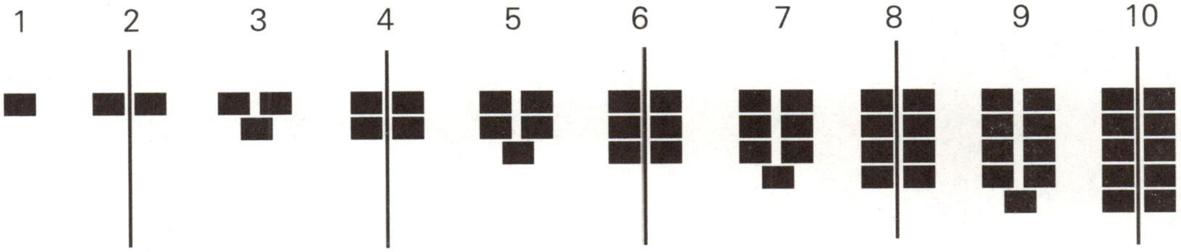

从这种排列中，一眼便可以看出，那些可以被 2 除的数，其最下面一排不是单数。这些数都是双数，因为它们都是成双成对地排列，可以被 2 除尽。两个两个地并排被分成两个竖行。数出这些排数便得到商数。为了组成原来的数，只需重新两个一排地排成行就行了。2×3=6，这对于 5 岁的儿童来说，要做到并不困难。

——摘自《蒙台梭利幼儿教育科学方法》

专家解读

在除法运算的学习过程中，我们采用的教具是除法板。在使用除法板进行练习时，妈妈最好先给孩子做示范，然后让孩子模仿。经过一段时间的练习后，孩子就可以自己玩除法游戏了。在给孩子出题目时，要尽量避免给孩子出有余数的题目。

游戏配合

游戏名称：除法板游戏

适用年龄：4~5 岁

游戏目的：让孩子掌握乘除法的关系，学会除法运算。

游戏方式：

Step 1

准备一套除法板教具。将除法板放在桌子中间，右侧放盛着绿色珠子的小碗，桌子上放着绿色的小人。

Step 2

孩子坐在桌子前，妈妈坐在孩子的右侧，给孩子出题。比如，6÷2=？。

Step 3

妈妈给孩子说明计算方法："请拿出 6 颗绿色的珠子，然后把这 6 颗绿色的珠子平均分配给两个绿色的小人。"

Step 4

孩子拿出两个绿色的小人，在除法板数字 1~9 那里固定。

Step 5

完成后妈妈继续说："请将绿色的珠子平均分配给这两个绿色的小人。这个给他，这个给他。"

Step 6

当孩子分完绿色的珠子后，让孩子查一查每个绿色的小人各得到了多少颗绿色的珠子。

Step 7

孩子用手点着其中一个绿色的小人得到的绿色的珠子数数。每个绿色的小人得到了 3 颗绿色的珠子，之后填出计算结果。

☆家长观察笔记

03 帮助儿童区别奇偶数

蒙台梭利老师怎么说

在数的记忆练习的基础上，我们可以让儿童学会区分奇偶数。

当儿童把所选的物品按两个一行排放在自己的桌上时，若物品的件数会剩下一个单独摆一排，就让他把剩下的单个放到最下面一排，对准上排两个物品中间的位置。排列方式如下：

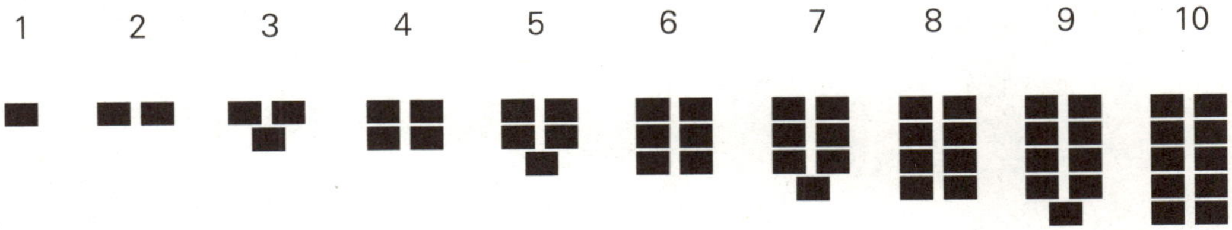

儿童就会发现奇偶问题。图中成对的就是偶数，而有单独放置的物品自然就是奇数了。

通过除法的学习，儿童就可以总结出，偶数是可以被平均分成两份的。除法的学习可以帮助孩子更加深入地了解奇偶的概念。注意，图中的黑色块代表的是具体的物品。

——摘自《蒙台梭利幼儿教育科学方法》

专家解读

孩子在接触除法之后，就可以引入奇偶数的概念了。因为奇偶数涉及的是数和 2 的关系，整数中可以被 2 整除的数就是偶数，也就是我们平常说的双数，不能被 2 整除的就是奇数，也就是单数。我们同样还可以巩固孩子分类的概念，可以给孩子提供一些数，让他们按照奇偶进行分类。这也就说明，对孩子进行的所有训练，都不是单一能力的训练，而是一个交叉训练，甚至是综合训练。这就需要我们的家长在对孩子进行训练时，要把握好孩子的进度和能力，不能揠苗助长。

游戏配合

游戏名称：数星星

适用年龄：4~5 岁

游戏目的：让孩子认识奇数和偶数，知道数字可分为奇数和偶数。

游戏方式：

Step 1

准备 1~10 的数字模具和相应数量的星星。

Step 2

让孩子把 10 个数字按从小到大的顺序排成一排。

Step 3

让孩子在数字下面，摆出相应数量的星星，星星按两个一排进行排列。

Step 4

让孩子观察星星排列的规律，给孩子讲解奇数和偶数的概念，即可以被 2 整除的数是偶数；反之则是奇数。

☆家长观察笔记

04 建立分数模型

蒙台梭利老师怎么说

儿童是不断渴望学到新知识，向着不同的方向拓展的。为了满足儿童学习数学的欲望，我们就发明了一套有趣的教具帮助儿童认识分数，建立分数的初步概念。

这套教具非常有意思，造型酷似小人，其中有一个完整的小人，其他的小人都是按照 1/2、1/3、1/4 进行分割的，而且每个小人身体内部的颜色不同，所以儿童称它为“分数小人”。儿童非常喜欢这套教具，经常看到他们拿在手中拼凑完整的小人。我们可以抓住这个机会，将分数的概念教给他们。起初儿童觉得很惊讶，但也很开心。在他们了解了分数，在脑海中逐渐形成了分数的概念后，就能感觉到学习知识的乐趣了。

——摘自《蒙台梭利幼儿教育科学方法》

专家解读

由于分数是孩子刚开始认识的一种新的数，因此在教学中应注意从孩子的认知特点出发，多联系实际，多举实例，结合孩子已有的知识基础和生活经验，通过丰富的操作活动，加强感性认知，让孩子亲身体验，积极探索。不仅是在教学过程中，在日常生活或者活动中，也可以给孩子不断地渗透。孩子掌握之后，就会在很多场景中应用，并且会体会新旧知识的联系，为以后孩子在分数由感性认知到理性认知的飞跃打好基础。

游戏配合

游戏名称：分数小人

适用年龄：4~5 岁

游戏目的：让孩子在脑海中初步形成分数的概念，学会分数的读法。

游戏方式：

Step 1

将分数小人放在桌子上，让孩子坐在桌子前，妈妈坐在孩子的右侧。

Step 2

先拿出整体分数小人，让孩子用手轻轻触摸，熟悉完整的分数小人。孩子触摸时妈妈说："这是一个完整的分数小人。"

Step 3

将 1/2 的分数小人拿出来，放在桌子上，让孩子用食指和中指沿着剖面触摸，并告诉孩子："这是 1/2，这边也是 1/2。"

Step 4

将两个分数小人面对面地合并到一起。然后让孩子触摸合并到一起的分数小人，并告诉孩子："两个 1/2 合并到一起就变成 1 了，也就是一个完整的分数小人。"

Step 5

使用相同的方法，让孩子知道并熟悉 1/3、1/4。

☆家长观察笔记

后记

从北京师范大学毕业后一心致力于教育事业，如今如愿实现。每天，当我站在教室，面对一张张质朴的脸庞，授予他们知识时，我都倍感荣耀。

俗语说“十年树木，百年树人”，果然如此。每每和学生们在一起，或是探讨问题，或是一起参加体育活动，我都能从他们身上感受到一股朝气蓬勃的力量。同时也深知自己作为学生们的榜样，肩膀上的责任重大。

在教学过程中，每个教师、家长都会遇到问题，无论是教学方法方面的，还是学生个人方面的，我想大多数人都为此感到头疼、不解。我也遇到过这些问题，所以总是翻开书籍，希望能从中找到解决之法。

当我翻开蒙台梭利文集时，内心就被这位慈祥的教育学家的思想和心得深深折服，她不愧为“20世纪最伟大的科学与进步的教育家”。她在文章中提到的很多观点，值得今天的我们拿出来细细研究，我想这也有可能是未来教育改革所不可缺少的参考；她提出了很多教学方法，我认为这些论述对学生的教育也是很有帮助的。所以，我和众多教育工作者探讨了这个问题，并决定从蒙台梭利的论述中提取若干可以帮助学生进步的方法，希望对学生和教育工作者有所启发与帮助。

在探讨观点和实验教学方法的过程中，我们遇到了诸多困难，但都一一克服，力争把最好、最全面的观点和方法呈现出来，以供家长和孩子们练习。在此感谢所有参

与编辑此套书籍的工作人员，一并感谢帮助出版此书的有识之士，感谢你们为教育事业所做的贡献！

我们都以一颗赤诚的心，将精力奉献给祖国未来的花朵，我想这将是利国利民的实事、好事。人们总把教师称为“人类灵魂的工程师”，此刻我由衷地认为任何对教育有帮助、有贡献的人都应享此荣誉。

最后，作为一名受家长信赖、受社会大众委任的人民教师，我将继续义无反顾地投身于教书育人的事业，与同事将这些新的教育方法运用在教学过程中，并不断地总结经验，力图能像蒙台梭利所述的那样，让孩子们在自由中成长，在学习中进步，在教育中成才。

唐玉芸

蒙台梭利

家庭快乐课堂

培养智力能力的30个亲子游戏

[意]玛丽亚·蒙台梭利_著
唐玉芸_编译

0~6岁

西苑出版社
XIYUAN PUBLISHING HOUSE
·北京·

图书在版编目（CIP）数据

蒙台梭利家庭快乐课堂．智商专辑．培养智力能力的30个亲子游戏：0～6岁/（意）玛丽亚·蒙台梭利著；唐玉芸编译．-- 北京：西苑出版社，2021.3
ISBN 978-7-5151-0777-6

Ⅰ．①蒙… Ⅱ．①玛… ②唐… Ⅲ．①智力开发—学前教育—教学参考资料 Ⅳ．①G613

中国版本图书馆CIP数据核字（2020）第261841号

蒙台梭利家庭快乐课堂．智商专辑．培养智力能力的30个亲子游戏：0～6岁
MENGTAISUOLI JIATING KUAILE KETANG. ZHISHANG ZHUANJI. PEIYANG ZHILI NENGLI DE 30 GE QINZI YOUXI: 0～6 SUI

责任编辑	辛小雪　刘　崴
装帧设计	仙　境
出版发行	西苑出版社 XIYUAN PUBLISHING HOUSE
地　　址	北京市朝阳区和平街11区37号楼　邮政编码：100013
电　　话	010-88636419
印　　刷	三河市东兴印刷有限公司
开　　本	880mm×1230mm　1/24
字　　数	97千字
印　　张	4.75
版　　次	2021年4月第1版
印　　次	2021年4月第1次印刷
书　　号	ISBN 978-7-5151-0777-6
定　　价	118.00元（全3册）

发现成长的秘密，给儿童科学的教导

玛丽亚·蒙台梭利是20世纪享誉全球的幼儿教育家，她所创立的幼儿教育方法的特点在于对儿童早期教育的重视。《西方教育史》称她为“20世纪赢得欧洲和世界承认的最伟大的科学与进步的教育家”。

1907年，蒙台梭利在罗马的贫民区建立了一所“儿童之家”，她运用自己独创的方法对那些招收来的3~6岁的儿童加以教育，结果使得那些出身“普通的、贫寒的”儿童的心智发生了巨大转变，他们皆被培养成了聪明、自信、有教养、生机勃勃的少年英才。于是，人们纷纷仿照蒙台梭利的教育模式建立了许多“儿童之家”。1909年，由蒙台梭利编写的《运用于“儿童之家”的科学教育方法》一书出版上市，很快便被译成20多种文字在世界各地流传。随后有100多个国家引进了蒙台梭利的方法，蒙台梭利在世界范围内引起了一场幼儿教育的革命。

由蒙台梭利提出的蒙氏教育法是一种针对儿童及幼儿的教育理念。蒙台梭利在很大程度上接受了卢梭、裴斯泰洛齐、福禄贝尔的自然教育与自由教育的观点，并根据自己的实际观察和实验研究提出了一种全新的教育理念，旨在全面提升儿童素质，发展儿童潜能。

读过蒙台梭利系列图书的读者对于儿童的教育问题会有一种脱胎换骨般的认知，

能够感受到蒙氏教育法对儿童的尊重、对生命的尊重，从人性与生命的角度去揭示儿童成长的秘密，揭露教育的本质。在这一点上，是以往的教育方法并不具备的。

蒙台梭利利用儿童自身的成长要求，在不损害儿童的自由与快乐的前提下，实现教育的目的。她认为，儿童有与生俱来的“内在生命力”，这是一种积极的、不断发展的无穷力量，而教育的任务是对儿童“内在生命力”的激发和促进，并不是强行地向儿童灌注成人的思想。所以，教师和父母要想帮助儿童获得良好的身心发展，必须先了解儿童的内心世界，从儿童自由与自发的活动中去仔细地观察和研究。

蒙台梭利认为：“儿童有绝对的自主权，让他们自己决定玩什么、学什么。”与传统的教育方法有所不同，蒙氏教育法的目的是帮助儿童自然地成长，更强调对儿童的秩序感、专心度、独立能力和手眼协调能力方面的培养，为儿童提供他们所需要的活动环境，让儿童感受到绝对的自由和尊重，让他们快乐地成为他们自己。

据此，蒙台梭利为学龄前儿童创造设计出一整套有效引导儿童迅速成长的训练方法。她提倡教育应当以儿童为中心，把握儿童的敏感期，注重儿童智慧与品格的养成，尊重儿童的成长步调等，对儿童进行体育、感官、知识、生活等方面的教育。

蒙氏教育法源于对儿童的充分了解和研究，其中包含着很多有价值的教育观点，在她的著作中均有详细介绍。在此，我们为了让读者更好地了解她的教育观点，特意编译了这套“蒙台梭利系列”图书，在尊重原著的基础上，对原著内容进行了筛选和调整，力求能够让蒙台梭利的教育理念更易被家长理解和运用。

本套书为智商专辑，包括《蒙台梭利家庭快乐课堂：培养智力能力的30个亲子游戏（0~6岁）》《蒙台梭利家庭快乐课堂：培养数学能力的30个亲子游戏（0~6岁）》《蒙台梭利家庭快乐课堂：培养语言能力的29个亲子游戏（0~6岁）》。这3本书的侧重点不同，从儿童不同方面的教育培养入手，其中《蒙台梭利家庭快乐课堂：培养智力能力的30个亲子游戏（0~6岁）》是对儿童的注意力、想象力、观察能力、记忆

力、思维能力、意志力、分析能力方面的训练指导;《蒙台梭利家庭快乐课堂：培养数学能力的 30 个亲子游戏（0~6 岁）》是对儿童的算术、几何方面的训练指导;《蒙台梭利家庭快乐课堂：培养语言能力的 29 个亲子游戏（0~6 岁）》是对儿童的语言能力和交际方面的开发与训练指导。

我们希望通过这套书，来指引家长更科学地对待儿童，给予儿童最佳的教育方式。这套书并不是晦涩难懂的理论书，而是操作性很强的工具书，其中包括摘自蒙台梭利原著的“蒙台梭利老师怎么说”，针对我国国情和目前家庭教育现状提出的“专家解读”，以及供家长参考的训练游戏“游戏配合”这三大模块的内容。

蒙台梭利的教育思想和她的著作风靡全球，赢得了广泛的好评。在当前的中国社会中，教育问题丛生，家长为了孩子的教育也是操碎了心。所以，我们更是需要一套有效的教育方法来做指引。我们希望，在认真阅读本套书之后，所有的家长都能够更加科学地对待儿童，找到适合他们的最佳的教育方式。

提高儿童智力，是给他最好的礼物

不可否认的是，儿童的智力发展对其身心的健康成长具有十分重要的意义。每个家长都希望自己的孩子聪明伶俐、乖巧懂事。但是，孩子的智力成长不是一蹴而就的，而是需要后天培养和锻炼的。

我们所说的智力，包括儿童对事物的注意力、想象力、观察能力、记忆力、思维能力、意志力和分析能力等。孩子出生后，父母发现他对周围鲜艳的颜色、好听的声音有反应时，说明他的注意力已经开始发展了；慢慢地，父母发现孩子睁开蒙眬的眼睛，观察着周围的一切，他的眼神不再空洞，而是炯炯有神；等孩子再成长一些，他眼中的世界是一个五彩斑斓的王国，在他小小的脑袋里有一个大人所不能探知的幻想世界；当孩子开始牙牙学语时，他看到父母的形象后可以脱口而出“妈妈”“爸爸”，此时，父母的形象已经深深地刻在了他的记忆里；此后，父母给他讲故事，他能思考故事里的情节和人物究竟是什么样的，父母教给他知识，他有了区分和辨别的能力；持续不断地成长和努力，让他渐渐地有了属于自己的意志力，性格慢慢形成。在如此多的智力因素影响下，孩子的智力得到不断发展。

在孩子成长的过程中，父母的参与是很重要的。父母送给孩子最好的礼物就是陪伴，我们可以看到，那些在父母陪伴下成长起来的孩子，他们享受父母的关爱如同鲜花沐浴着阳光。但是，父母也应该注意，适当的保护能使孩子得到爱的供给，过分的保护和关爱只能让他们沉溺。所以，父母也应该给予孩子成长的自由，要相信他们有能力克服困难，给予他们信心和鼓励！

一般而言，儿童的智力发展会随着年龄不断递增。儿童从出生到成熟的各个年龄阶段，智力的发展是一个连续的、按一定顺序发展的过程，每一个阶段的发展速度并不完全相同，不同个体各个年龄阶段的发展速度也不相同。也就是说，每个儿童的智力发展都有自己的速度和节奏，家长无须过分担心，只要安心陪护，等待孩子的智力慢慢生根发芽即可。

以上观点同样适用于教育工作者，在孩子成长的道路上，教师的责任也相当巨大。教师对孩子智力方面的启发和引导，可以伴随孩子很长一段时间。因此我们建议，教育工作者和家长应当协同努力，在孩子智力成长和人格塑造的过程中，给予他们充分的尊重和适当的自由。

目录

Part 1

儿童的注意力

Part 2

让儿童自由地想象

Part 3 儿童的观察能力

Part 4 每个儿童都能拥有非凡的记忆力

Part 5 会高效思维的儿童更聪明

Part 6

儿童的意志力

Part 7

儿童特有的分析能力

Part 1
儿童的注意力

01 激发注意力潜能

蒙台梭利老师怎么说

当把儿童置于我们设置的环境中，我们期待的现象是：他突然将注意力集中于某个教具，并按此教具设定的目的使用它，还无数次地重复做相同的练习。有的儿童重复做 20 次，有的重复做 40 次，有的重复做 100 次，这是我们期待的现象。但是儿童不会没有缘由地反复做一些动作，这些动作可能来源于一种原始的、内在的冲动。虽然不知道这些冲动是什么，但可以看作一种精神上的饥渴。

举一个例子来说，儿童总是喜欢搭积木，而且不断地重复。慢慢地，他们会给自己出难题，然后再完成具有挑战性的积木游戏，乐此不疲。在反复搭积木的过程中，儿童促进了自身的心理发育。正是这种潜在的、强烈的心理意识，让儿童能一直保持兴奋状态，注意力潜能因而被激发。

——摘自《儿童的自发成长》

专家解读

孩子通过不断的重复行为可以获得很多的知识。在完成游戏或学习的过程中，孩子的注意力集中程度与知识的清晰度是成正比的。家长应注意采用科学的教育方法，激发孩子的注意力潜能，让孩子的智力得到稳步提升。

游戏配合

游戏名称：蒙上眼睛听声音

适用年龄：3 岁

游戏目的：激发孩子的注意力潜能。

游戏方式：

Step 1

用布将孩子的眼睛蒙起来，让他安静地坐在沙发或椅子上。

Step 2

在孩子附近，用小棒轻轻敲击瓶子、碗、锅、盆等器皿，然后向孩子提问：“什么在响？”请孩子回答问题。

Step 3

如果孩子回答不上来，可以允许他摘下眼罩，看看敲击的物体以及记住这个器皿发出的声音。

Step 4

适当将距离拉远或靠近，再次敲击这些器皿，请孩子辨认是什么在发声。

☆家长观察笔记

02 正确引导注意力

蒙台梭利老师怎么说

儿童精神上的饥渴就好像人感到口渴一样，当人口渴难忍时，看到水必然会一次性地喝个够，只喝一小口是无法满足生理需要的。而家长要帮助儿童解决精神上的饥渴问题，只站在一旁观察是远远不够的。最有效的方法就是给孩子提供“水”，并且教给他获得“水”的办法，让他一直喝到自己满意为止。简单地说，就是把儿童引向一个明确的目标，并帮助他形成一种最基本的智力活动，尽管这种智力活动在进行比较、判断、纠正行为时，具有重复、复杂的性质。

——摘自《儿童的自发成长》

专家解读

孩子的注意力不仅仅是心理学家的重要研究对象，同时也是教育工作者重点关注的目标。因为教师教学的关键就在于如何把握孩子的注意力，让他们对教学内容感兴趣，并在课堂上真正地将所学的知识吸收进去。

从某个角度来说，数学实际上就是一门引导孩子从未知到已知、从简单知识到复杂知识的学习的艺术。我们通过让孩子对未知世界产生巨大的兴趣，把他们的学习能力和注意力激发到一种令人满意的状态。

游戏配合

游戏名称：数字排排队

适用年龄：3 岁

游戏目的：引导孩子的注意力。

游戏方式：

Step 1

家长说一个一位数字，如 3，然后让孩子重复一遍。

Step 2

家长在原有数字上加上一个数字，使数字变成两位数，如 34，然后让孩子重复一遍。

Step 3

使用同样的方法，家长再增加一位数字，如 348，再让孩子重复一遍或多遍。

Step 4

随着数字的增多，家长不仅可以教孩子从头到尾复述数字排列顺序，也可以倒着排列，或者教孩子将数字分成组。

☆家长观察笔记

03 主动集中注意力

蒙台梭利老师怎么说

迄今为止，所有心理学家都赞成以下说法：注意力不集中是三四岁幼童的性格特征。他们容易受到所有东西的吸引，注意力总是从一物转向另一物，从来不会只关注一物。一般来说，儿童难以集中注意力，构成对他们进行教育的障碍。威廉·詹姆斯说：“我们都要认清所有儿童注意力的极端波动性，这种波动性使得我们给他们上第一堂课非常困难。”“注意力的反射性和波动性，使儿童似乎不属于自身，而是属于偶然吸引他们的任何东西，这是教育工作者应当努力取胜的第一场战役。”

事实上，我们在实验中得出结论：年幼孩子的注意力是很难由一名“导师”来帮助长时间保持集中的，能起到这个作用的，是某种物体。这一点不难理解，对于一个婴儿来说，吮吸并不是一个很容易的动作，而他之所以能长时间保持这个动作，是因为他受到了第一位的、无意识的营养需求的影响。

——摘自《儿童的自发成长》

专家解读

家长应该清楚，想要孩子集中注意力学习，并不能强制性地命令或要求他们做，而是应该让孩子自愿地去接受，自发地对知识产生渴求。要知道，真正能够支配孩子注意力的是他们自己的内部力量。况且，孩子的注意力是可以在自由的成长中不断进步的。

游戏配合

游戏名称：在卡片上画图

适用年龄：3 岁

游戏目的：让孩子自主选择，主动集中注意力。

游戏方式：

Step 1

准备一些颜色各不相同的卡片，让孩子从中挑选 5 张自己喜欢的。

Step 2

准备 24 色的彩色铅笔或蜡笔，让孩子随意在选出的卡片上画一些自己喜欢的图案。

Step 3

让孩子记住每张卡片上画的图案，然后将这些卡片背面朝上混在其他卡片中。

Step 4

让孩子从中找出自己之前选择的卡片，然后想一想上面画了什么，最后翻开来验证答案是否正确。

☆家长观察笔记

04 强化注意力持久度

蒙台梭利老师怎么说

我们见过一种很有意思的现象，妈妈在哺乳时，无论怎样逗正在吮吸乳汁的婴儿，他的注意力都不会被分散，吮吸也不会停止，直到他吃饱为止。从生理和心理上来说，这是人本能的需求所致。

但是，儿童的注意力主要是靠感觉，进而伴随强有力的、感官的“生理调节作用”。而在生理上，儿童的这种调节作用并不完整，这就需要遵循自然进行组织。如果一种教具不能成为促进协调作用不断发展的刺激，它不仅不能吸引儿童的注意力，还会引起他们生理上的疲劳，甚至损害眼睛或耳朵的调节机制。然而，儿童自己选择教具，并且注意力高度集中地使用它们，正如肌肉收缩所显现的那样，会使他们感到愉快，面部表情也变得丰富。愉快是机体健康活动的指数，它总伴随有益于身体结构的练习。

——摘自《儿童的自发成长》

专家解读

家长帮助孩子强化注意力持久度，引导孩子进行心智构建，除了采用自主集中注意力的方法，还需在外部力量上下功夫。通过设置外部环境，为孩子提供能满足其心理和生理需求的场所，还是非常必要的。

同时，为了让孩子的认知能力、注意力和智力得到共同发展，家长应该为孩子提供大量的、系统的、复杂的、符合孩子需求的外部材料。孩子对外部材料有了更充分的认知和理解，与它们建立了联系后，广泛的兴趣才会产生。在此基础上，孩子的洞察力得到发展。

游戏配合

游戏名称：传递悄悄话

适用年龄：5 岁

游戏目的：营造安静的氛围，强化孩子的注意力持久度。

游戏方式：

Step 1

组织全家人或一群小朋友到家里或公园的一处空地，每个人选择一个角落。

Step 2

让大家保持安静，第一个人把想说的话告诉一个小朋友，然后让这个小朋友轻轻地走到下一个角落，把悄悄话告诉另一个人。

Step 3

以此类推，最后一个人把悄悄话传回到第一个人的耳朵里，请他来验证这句话的准确度。如果有错误，找出是在哪个人那里出的错，请他表演节目。

Step 4

重复这个游戏，悄悄话的内容可以逐渐增多，以提高孩子的注意力持久度。

☆家长观察笔记

Part 2
让儿童自由地想象

01 儿童的创造力是无穷的

蒙台梭利老师怎么说

人们通常认为，儿童的心智与成人截然不同。儿童的特点是具有丰富的想象力，他们乐于在迷人的虚幻世界里遨游。他们的内心世界被幻想的、超自然的、虚幻的东西所吸引。

但是，儿童的这种“原始状态”的想象力只是暂时的，会随着时间的推移、心智的成长而被其他状态所取代。我们应当清楚，儿童是我们未来的接班人，因此我们必须帮助他们更好地成长。我们对儿童最好的教育应当是帮助他们克服这种状态，而不是助长或者鼓励他们停留在这种状态。所以，我们应当采取一种特殊的教育以培养儿童的特殊天赋。为了实现此目的，我们应当全力以赴。

——摘自《儿童的自发成长》

专家解读

想象应当基于现实的存在而产生。要培养孩子的想象力，我们就必须在训练孩子如何准确地感知周围事物这方面下功夫。孩子需要自由而有规则的想象，或者说孩子必须学会在严格界定的范围内进行推理和想象。

游戏配合

游戏名称：积木变动物

适用年龄：3~5 岁

游戏目的：提高孩子的创造力。

游戏方式：

Step 1

准备一些形状、颜色各不相同的积木，一些漂亮的彩纸、双面胶和剪刀。

Step 2

家长先给孩子做个示范，用一块大积木搭动物的身体，四块小积木搭四肢，一块三角形积木搭脑袋，最后再加上一块长方形积木当作尾巴。

Step 3

用剪刀从彩纸上分别剪两只圆圆的眼睛、两只三角形的耳朵、一个三角形的鼻子和六根胡须。

Step 4

将剪出来的形状贴在三角形积木上，将积木变成一只猫的样子。

Step 5

让孩子挑选自己喜欢的积木，搭成想做的小动物。

☆家长观察笔记

____

____

____

____

____

____

____

02 开发绘画潜能

蒙台梭利老师怎么说

学校的环境大多是浅灰色的墙壁，白色的纱窗，这些阻碍了儿童感觉发泄的通道。也许学校的这种场景是为了让儿童的“注意力”不受外界刺激影响，全神贯注地听教师讲课，让他们一小时、一小时地坐着，一动不动地听着。当他们画画时，必须按教师的画完美复制。

一天，我们进行绘画练习。一个孩子用红色蜡笔来画树干，教师想要纠正他，被我及时制止了，最后那个孩子还是将树干画成了红色。在我看来，他的这种行为具有重要意义，这说明他还没有成为环境的观察者。于是，在这之后的学习玩耍中，我鼓励孩子们在花园里玩耍，让这个儿童随时随地都能看到树干。后来，这个孩子再画树时，不仅选择了棕色蜡笔画树干，还将树叶涂成了绿色。

——摘自《儿童的自发成长》

专家解读

每个孩子都是天才艺术家。在现代社会，要想让孩子的想象力获得更高的起点和更显著的发挥，就必然要让他们参与实践，让他们的想象能够真正与现实相联系。另外，轻信是智力发育尚未成熟的表现。孩子之所以轻信，是因为他们缺乏知识和经验，无法准确辨别真理与谬论、美丽与丑恶，所以家长应该注意这方面的引导。

游戏配合

游戏名称：一起来涂鸦

适用年龄：3 岁

游戏目的：发掘孩子的绘画潜能，激发色彩想象力。

游戏方式：

Step 1

准备一张大的白色画纸、儿童专用的安全颜料。

Step 2

家长先给孩子做个示范，把颜料涂在手指上。

Step 3

让孩子在小手上涂上各种颜色的颜料。

Step 4

让孩子直接用自己的小手自由地在白纸上作画。

☆家长观察笔记

03 儿童的想象具有抽象性

蒙台梭利老师怎么说

儿童大脑所进行的创造性活动是大脑最主要的工作之一。正是通过这种活动，儿童让他所喜欢的东西拥有了独有的特征。想必我们都曾见过，骑着爸爸手杖的儿童就像真的骑着大马一样兴奋，他们会在空中挥舞着手臂，幻想自己正拿着细长的马鞭抽打着想象中的烈马，这就是儿童大脑进行想象创造的结果之一。我们无法想象，那些坐着由椅子搭成的“四轮豪华马车”的儿童是多么的兴奋。他们仰靠在“马车”里，无比兴奋地看着“车”外的“景色”……

在培养儿童想象力的过程中，阻止儿童自由发挥是最要不得的事情。哪怕这种自由发挥再不起眼，我们也不能有丝毫的轻视。家长要做的事情就是耐心等待。

——摘自《儿童的自发成长》

专家解读

孩子的想象力具有抽象性，这是他们的大脑组织正在发育的结果。作为家长或教师，都不应该对孩子进行思想灌输，按照自己的意愿和想法约束孩子，也不应该毫无原则地服从孩子，而要帮助他们基于现实进行想象和创造。

游戏配合

游戏名称：走进大自然

适用年龄：3 岁以上

游戏目的：带领孩子观察周围的环境，将想象画出来。

游戏方式：

Step 1

选择一个风和日丽的天气，带孩子到户外活动。

Step 2

让孩子自由观察，比如，看看随风而动的树叶、蚂蚁出洞和小鸟鸣叫等自然现象。

Step 3

从地上捡几片树叶，两两相对拼在一起，并对孩子说："瞧，蝴蝶在飞。"跟着蚂蚁群，让孩子看蚂蚁的爬行路线。让孩子闭上眼睛倾听鸟叫声。

Step 4

回到室内，让孩子自己在白纸上作画，观察他们都画了什么。

☆家长观察笔记

04 激发音乐想象力

蒙台梭利老师怎么说

对于那些生来就聋哑的人来说，他们对周围的一切没有明确、固定的概念。我们都知道，天生看不见的人，会通过声音来想象不同的颜色。例如，把红色想象成吹小号的声音，把蔚蓝色想象成小提琴奏出的美妙旋律。而听不见的人在看到对声音的美好描述时，眼前会忍不住浮现出一幅非常美好的画面。

诗人和艺术家一般都会非常感性。虽然所有的感官是为我们提供服务的，但是不同器官的侧重点和优势是不一样的。就拿作曲家来说，他们的听觉很敏锐，只用声音就可以描绘出一幅非常美好的画面。很多作曲家的灵感都是来自美妙的声音，如寂静森林中夜莺的鸣叫，偏僻乡村滴答的雨滴声等，都能成为伟大作曲家灵感的源泉。

——摘自《儿童的自发成长》

专家解读

家长可以在声音激发想象上做文章。声音能给人深刻的印象，让人们的精神活动处在活跃状态。孩子的想象是无穷的，而声音更能给他们带来灵感，让孩子倾听自己喜欢的音乐，和他们讲话注意温声细语，相信对他们性格的塑造也是非常有益的。

游戏配合

游戏名称：奇妙的音乐

适用年龄：3 岁

游戏目的：培养孩子的乐感，激发音乐想象力。

游戏方式：

Step 1

根据孩子的喜好，从书中挑选一个孩子感兴趣的故事。根据故事的情节提前准备几段音乐，如风吹过树林的声音、小鸟的叫声、小河流淌的声音、牛叫的声音等。

Step 2

在家里营造一个安静的环境，

一边给孩子讲故事，一边根据故事情节播放音乐。例如，在讲到“小鸟在树枝上叽叽喳喳叫个不停”时，播放小鸟鸣叫的音乐。

Step 3

在放音乐时，让孩子闭上眼睛感受。每段音乐播放结束后，保持几秒钟让孩子思考和记忆。

Step 4

当故事讲完后，可以向孩子提问：“风吹的声音是什么样的？小河流水的声音是什么样的？”等，然后可以让孩子进行模仿。

☆家长观察笔记

05 强化儿童想象力

蒙台梭利老师怎么说

众所周知，在学校里，“作文”是儿童在学习中遇到的最大的困难。几乎所有的教师都证实，儿童“思想匮乏”“思路紊乱”“完全缺乏原创性”。作文的“书面考试”总是最令人头疼，大家都熟悉这样的一种场景：儿童听到口授的作文命题，并要在几小时内交卷——写好的作文，而且是想象的产物；他们面带愁容，心情沉重，两手冰凉，焦虑地不时看看时钟，生怕时间飞快流逝；教师带着不信任的表情监场，此时教师变成类似牢房的看守，儿童就这样遭受折磨。

这种考试的目的，也许是让儿童自由展示自己的价值，提供真正的个人成果，成人以此成果来评估他们的智力。但是结果往往令人担忧，儿童不可能像我们时代最伟大的诗人卡尔杜齐那样回答：“是灵感而不是时机让我写出一首颂歌。”

——摘自《儿童的自发成长》

专家解读

孩子的想象力应当建立在感官基础之上，感官教育可以帮助孩子从生活环境中获得供自己发挥想象力的基础信息，所以，对孩子感官能力的培养就显得至关重要。同时，家长最好能够给孩子解释为什么要这样思考，帮助他们厘清自己的思路，让他们的想象有迹可循。长期进行这样的锻炼，孩子的想象力自然能够得到加强。

游戏配合

游戏名称：漂亮的地图

适用年龄：5 岁

游戏目的：进一步强化孩子的想象力。

游戏方式：

Step 1

准备一些彩色笔和白纸，和孩子一起画一幅地图。

Step 2

先给孩子做个示范，用蓝色的笔在纸上画一个椭圆，并告诉孩子："这是海洋。"

Step 3

问一问孩子："陆地是什么样子的？"然后让孩子选择一种颜色，用他喜欢的图形表示陆地。

Step 4

当孩子熟悉这个游戏后，家长可以用语言引导孩子，请他用不同的颜色和形状画出森林、山峰等。

Step 5

地图完成后，请孩子说一说地图上都有什么。

☆家长观察笔记

Part 3
儿童的观察能力

01 激发儿童的观察兴趣

蒙台梭利老师怎么说

机械心理学认为，人的智力成长首先是从外部发起的。就像一个不经主人允许就破门而入的莽汉，外部事物给人强烈的刺激，让人留下深刻的印象。外部印象闯入我们的思维，逐渐与我们的心灵相融合，最终形成人的智力。尽管这种观点有待论证。

持这种观点的人认为，儿童的心理成长完全是被动的。的确，环境对儿童心智的影响至关重要，教育工作者或者家长必须注意培养儿童的观察能力。但是教育工作者的观点不同，他们认为儿童有一种天生的敏感性，他们能以一种惊人的速度和接受力从外界获得感官印象。换句话说，儿童不是被动地接受，而是作为一个积极的观察者去感知世界，在感知的过程中，儿童会对这些信息进行筛选，而并非全盘接受。

——摘自《发现孩子》

专家解读

孩子的观察能力是一种天生的能力，这种能力可从婴儿出生持续到五六岁，这段时期孩子的观察能力更加敏锐，这种敏锐性所带来的敏感期是十分宝贵的，所以，家长和教师应该注意在孩子的这段时期注重培养他们的观察能力。

游戏配合

游戏名称：少了一部分

适用年龄：3 岁

游戏目的：激发孩子的观察兴趣，训练孩子的视觉判断力。

游戏方式：

Step 1

准备一套白色的卡片，分成两部分：在一部分卡片上画交通工具，如小汽车、卡车、火车、自行车等作为第一部分；在另外的卡片上也画相同的交通工具，但每张画上的交通工具都缺少一个或两个部件，如小汽车少一个轮子、自行车少车座等，作为第二部分。

Step 2

拿出第一部分卡片，让孩子仔细观察卡片上的图画，并将交通工具的名称告诉孩子。

Step 3

将第二部分卡片混在第一部分卡片中，让孩子发现图画上缺少部件的交通工具，然后向孩子提问：“这辆车少了什么？”

Step 4

还可以准备一张大图，先让孩子观察整幅图，然后再将图中的某些部分遮起来，让他回答被遮住的部分是什么。

☆家长观察笔记

02 引导儿童自主观察

蒙台梭利老师怎么说

实验是有趣的，但是实验也需要定质定量，否则就让人缺少了兴趣。这种现象对儿童也一样，比如，各种几何形状的小木块只能吸引3岁儿童的短暂注意。想要让他们继续对这些木块产生兴趣，就要逐渐扩大木块的体积，直至达到儿童注意力持续集中的程度。

颜色和物质的其他性质也类似，儿童在不满1岁的时候，对颜色鲜艳、漂亮的事物非常感兴趣。而儿童1岁之后，他们的敏感期特征开始发生转移，吸引他们的可能已经不是颜色鲜艳的事物，而是那些不起眼、不易被人察觉的小东西了。

为了让一种性质达到能够吸引注意力的程度，刺激必须具有一定的范围和强度，其范围和强度可以根据儿童心理反应的程度确定，从而形成一种帮助、引导儿童内在发展、塑造自我的现象。

——摘自《发现孩子》

专家解读

心智尚未成熟的孩子，他们的知识和经验相对欠缺，家长应该帮助和引导他们进行观察。家长在引导孩子观察的过程中，应本着充分尊重孩子意愿的原则，不能强制性地命令他们去观察，否则只能收到适得其反的效果。也就是说，孩子只会将注意力停留在家长的意志本身上，自然也就失去了观察的意义。而家长在完成引导后，只需默默观察和配合，必要的时候给予纠正或补充即可。

游戏配合

游戏名称：房间里面有什么

适用年龄：3 岁

游戏目的：让孩子养成观察的习惯，引导孩子自主观察。

游戏方式：

Step 1

将孩子的玩具摆放在房间的各个角落，如桌子上、窗台上、柜子上等。

Step 2

抱着孩子在房间慢慢地行

走，同时对孩子说话："瞧，小松鼠在窗台上，小狗在桌子上，小熊在柜子上。"多重复几遍，让孩子加深印象。

Step 3

将房间里的陈设看完后，向孩子提出问题："小松鼠在哪里？"看孩子能不能将玩具的所在位置指出来。

Step 4

等孩子可以毫不费力地找到这些东西后，可以适当加大难度，将玩具放在比较隐秘的地方，如打开的抽屉里、沙发的夹层里。

☆家长观察笔记

03 准确观察与分辨能力

蒙台梭利老师怎么说

儿童观察对象的确定有自己筛选的标准，他们是根据一种内在的动力，以某种特殊的兴趣，来选择他们的注意对象。教育工作者提出的这种观点，是对儿童的观察能力具有自主性而并非被动性的解释。换个角度理解，也就是说，儿童是可以进行准确的观察和分辨的。

另外，詹姆斯有一个经典的阐述：“我们只能看到某一物体的某一部分，而要想看到全貌，很困难！”这句话我们也可以这样理解，无论是成人还是儿童，对世界上的事物都只能有片面的认知，而很难得到全面而准确的认知。所以，家长不仅要不断学习和丰富自己的知识，而且应该帮助孩子、引导孩子进行细致地观察和区分。

——摘自《发现孩子》

专家解读

区分是孩子智慧启蒙的初试，能够给不同物体分类，意味着孩子的分析能力和逻辑能力开始萌芽。教育工作者和家长要注意引导孩子去细致地观察，并帮助他们进行区分，不能含糊其词地回应他们提出的问题。当孩子问到细节问题，家长无法准确回答时，千万不要编一些故事企图蒙混过去，这样只能阻碍孩子认知能力的发展，家长应该尽量地给他们做出真实、科学的回答，让孩子对事物有准确、客观的认知。

游戏配合

游戏名称：小动物分类

适用年龄：5 岁

游戏目的：锻炼孩子的视觉判断能力和区分能力。

游戏方式：

Step 1

准备一套动物认知卡片，尽量选择具有相似特征的动物，这里的相似特征是指动物的外表特征。例如，鸡、鸟、鸭子、鹅都有羽毛、爪子，大象、猪都有大耳朵，等等。

Step 2

和孩子一起将不同类型的动物区分开来，并讨论是根据什么特征进行划分的。

Step 3

将卡片打乱，让孩子再次进行比对和分类。等孩子分好后，请孩子回答分类依据。

Step 4

孩子顺利完成一组图画的分类后，换其他类型的图画，如交通工具、建筑物等。

☆家长观察笔记

04 提升儿童细致观察的能力

蒙台梭利老师怎么说

事实上，使用用以训练眼睛对物体大小进行辨识的第二系列教具，对错误的监控就不再是机械的而是心理的：只要教具具有一定规模并颜色醒目，受过识别规模差异训练的儿童就能立即发现错误。因此，可以说以后的教具在规模和鲜艳颜色中就包含对错误的监控。它与对错误的监控性质截然不同，是更高一级的监控。这种训练需要儿童意志和智力付出显著努力，从而置身自觉的自我教育中。

但这种对错误的监控是逐渐变化的，虽然它越来越远离外在机制，而依靠逐渐发展的内在活动。它就像教具的所有性质一样，其有效性取决于儿童的基本反应——长时间的注意力集中和反复做练习。

——摘自《发现孩子》

专家解读

如何让孩子的观察能力更加细致？这大概是许多家长想要咨询的问题。答案很简单，让孩子的注意力更加集中，就让其主动地进行反复练习，在不断实践的过程中，孩子才能发现事物新的特征，对事物才有更加全面的认知。在此过程中，孩子的观察能力自然而然就发生了质的变化。

游戏配合

游戏名称：橡皮泥捏杯子

适用年龄：5 岁

游戏目的：培养孩子的动手能力和观察能力，让观察变得更敏锐。

游戏方式：

Step 1

准备一套橡皮泥工具，先让孩子制作一些自己想做的东西，并请他讲一讲自己制作的是什么物品。

Step 2

给孩子一个小茶杯，请他认真观察茶杯，然后模仿茶杯的形状，用橡皮泥做一个模型。

Step 3

拿走茶杯，让孩子根据模型再制作一个茶杯。

Step 4

让孩子观察自己家里的家具、家电、装饰物、工具、器皿等，然后请他自己做一个最想制作的物品。当孩子完成后，根据模型与实物的对比，给出指导。

☆家长观察笔记

Part 4
每个儿童都能拥有非凡的记忆力

01 训练瞬时记忆

蒙台梭利老师怎么说

在现在的课堂上，教师更习惯用记忆法来直观地描述眼前事物的特征，以增加儿童的感官印象。例如，幼儿园教师为了让儿童认识咖啡，先是讲述咖啡豆的颜色、味道、形状；接着讲述咖啡豆是如何从欧洲国家运来的；然后还在现场进行磨咖啡演示。

整个过程中，儿童能记住的眼前事物的特征是非常有限的，他们的注意力随时都可能被其他事物吸引。事后当别人问他们什么是咖啡时，他们依然无法给出完整而准确的答案，并且很可能联想到一些无关紧要的事情。这是因为，儿童记忆库中的知识是杂乱的，他们还不能将一些知识系统地归类在一起，于是接收一个新的记忆时，就可能与其他很多相关的信息关联在一起，这就造成了记忆的模糊。

这时，我们需要注意训练儿童的瞬时记忆。瞬时记忆方法其实很简单，好比看到了某个东西，就随时将它放进记忆的大仓库里一样。这种方法可以加快儿童对新事物的认知速度。

——摘自《儿童的自发成长》

专家解读

瞬时记忆又称短时记忆，它的特征是容量有限，并且只可以在记忆库中保留为期不长的一段时间。如果大脑在这段时间内对瞬时记忆进行加工储藏，那么瞬时记忆就会变成长时记忆被永久保留；如果瞬时记忆没有得到巩固加工，那么这段记忆将会逐渐消失。

儿童的瞬时记忆容量要比成人小，在记忆库中的保存时间也更短暂，但是儿童的瞬时记忆非常灵敏，运用得当的话将是儿童智力发展的关键。

游戏配合

游戏名称：卡片小分队

适用年龄：3 岁

游戏目的：训练孩子的瞬时记忆。

游戏方式：

Step 1

准备 5~10 张带颜色的卡片，卡片的背面最好都是相同的图案，正面是不同的颜色。

Step 2

将这些卡片背面朝上，整齐地摆放在一起，随意翻开其中 5 张，让孩子记住这些颜色，然后将卡片还原。

Step 3

针对孩子刚才看到的颜色卡片提问："绿色在哪里？黑色在哪里？"让孩子用手指出卡片的位置，并将卡片翻过来确认。

Step 4

在孩子能够准确找出这些卡片后，可以适当增加卡片数量，提高游戏难度。

☆家长观察笔记

02 强化记忆条理能力

蒙台梭利老师怎么说

儿童的反应速度是智力的外在表现。快速反应不但和练习有关，而且和逐渐形成的内在秩序有关。这种重新整理的深层工作，具有智力形成的最确切意义。秩序是快速反应的真正关键。儿童在混乱的心智中，辨别一种感觉如同能够推理一样困难。在一切事物中，包括社会事物，正是组织和秩序在促使其快速发展。

人的记忆就像心智中混乱的秩序，有的人善于将这些秩序调理好，有的人总是不太擅长，所以前者记忆力较好，后者记忆力则较差。儿童的心智有点儿类似于图书馆井然有序的书架，或一座藏品丰富的博物馆陈列架，所有展品分门别类，各就各位。他们学习的成果不是被“诸藏”，而是被“安放”。这种原始秩序从不会被打乱，只能用新的材料加以丰富。儿童在获得这种区分事物秩序的能力时，就奠定了智力的基础。

现在，在教育的帮助下，儿童的头脑已具有条理性，能对事物的属性进行分类，他们不仅能根据自己分析的所有属性来观察事物，还能区分出相同、差异和相似；通过这种工作，从与单独考察的一组感觉对象对应的各种性质中抽取出一种性质就更容易、更自发。换言之，对儿童来说，识别一种事物的不同性质更容易，正如指出某些事物形状相似或颜色相似。因为“形状”和“颜色”已经被精确分类，从而可以根据共性联想起一系列事物。对属性进行分类，如同磁石对确定性质具有吸引力，具有那些确定性质的事物会受到吸引并相互结合。这就是根据共性产生的联想，这几乎是一种机械化联想。

——摘自《儿童的自发成长》

专家解读

孩子的记忆条理能力不是一蹴而就的，是需要后天培养和锻炼的。如同蒙台梭利所说的一样，记忆力好比博物馆的陈设，如果布置得井井有条，那么参观者不用花费太多精力和时间，就能从中得到许多信息资料。同样，如果孩子的记忆力具有条理性，那么他就能在很短的时间内完成许多工作，而且不容易感觉疲惫。帮助孩子区分、归纳、编排周围的事物，使孩子的记忆存储有牢固的秩序，那么孩子的智力水平就很容易得到提升。

游戏配合

游戏名称：报站名

适用年龄：3~5岁

游戏目的：锻炼孩子的记忆条理能力。

游戏方式:

Step 1

准备一张中国地图，由家长或教师组织五六个小朋友一起玩。

Step 2

在游戏开始之前，先把角色分配好。家长或教师当列车长，小朋友当乘务员。

Step 3

从地图上选择几个由北到南排列的城市，如北京、天津、南京、上海、杭州、广州等，让孩子记住这些城市的名字和先后顺序。

Step 4

让孩子自己编几句出发语，如“乘客请注意，火车要出发啦……”。

Step 5

每到一站，孩子要报出站名。家长或教师可以向孩子提问:“下一站是上海吗?”

请孩子给出正确的答复，如果不是，孩子要说出正确的站名，并告诉家长或教师，距离他的目的地还剩哪几站。

☆家长观察笔记

03 简单的联想记忆法

蒙台梭利老师怎么说

如果我们观察天才人物的智力工作，我们应当把开辟新思维道路的发现归功于他们。他们带来了幸福和社会进步的新形式，我们应当确信在这些新形式中没有什么奇特的、让一般人难以接受的东西。贝恩说：“天才具有非凡的根据相似联想的能力。”恰恰在发现的“中心”，只有精确的观察和极其简单的推理，在“发现”被天才完成后，所有人都认为自己也能做到。一般来说，发现就是收集“显著性”，但一般人却视而不见。

可以说，天才具有将自己意识中一个孤立的事实和其他事实区分开来的能力，正如在一个黑暗的房间里，只有一束光落在钻石上。其后，那孤立的思想冲击了整个意识，并能为全人类构建某些伟大、珍贵的东西。

联想记忆就是将很多看似无关的事物以一种特有的形式联系起来，帮助人们进行记忆加工处理。而儿童的这种能力更加强大。

——摘自《儿童的自发成长》

专家解读

联想记忆法是记忆术中一项非常实用的方法，适用于儿童及成人。这种方法虽然有时略显夸张，但却可以扩大人们的知识存储量，降低学习难度，提升记忆力。教育工作者和家长都可以运用这种方法来实现记忆获得与帮助儿童活学活用。

游戏配合

游戏名称：记名字

适用年龄：3 岁

游戏目的：让孩子学会联想记忆法。

游戏方式：

Step 1

找一张画着许多小动物或者卡通人物的彩图，给图上的每个动物或人物取一个名字。

Step 2

看图编一个小故事，将图中所有动物或人物的名字编入故事，讲给孩子听。

Step 3

故事讲完后，让孩子回忆一下故事中出现了哪些名字，并让孩子将与名字对应的动物或人物从图中找出来。

☆家长观察笔记

04 延伸长时记忆

蒙台梭利老师怎么说

现在，儿童选择遵从天性发展的方式就是“沉思”。因为其他方式不可能让他们长时间地关注一个事物，并从中逐渐获得内心的成熟。儿童持之以恒地关注一个对象的目的，显然不是“学习”：他们是出于内在生活的需要才坚持不懈地关注。儿童以这种方式开始并继续其“成长”。这是一种才能，能逐渐使他们的智力变得井然有序和丰富多彩。当他们沉思时，就走上了前途无量的进步之路。

经过对事物的沉思练习之后，儿童才能喜欢肃静，其后，发生令人印象深刻的现象。当他们活动时竭力不发出声音，不做出不雅的动作，那就是他们正在愉快地品味精神集中的丰硕果实。

人们从沉思中获得期待的是“力量的内在硕果”：心灵更强健、更凝聚、更积极；其后，心灵能对已经发芽的记忆种子产生影响，促使它长出茎叶，开花，结果。

——摘自《儿童的自发成长》

专家解读

长时记忆能够帮助我们回忆或者再认出那些在几分钟、几小时甚至几年前存入大脑的信息。孩子也是如此，当他们对事物产生认知，短时记忆经过加工、存储后，就会形成程度不一的长时记忆。这些记忆帮助孩子提高观察、识别、分析、思考的能力。要注意，长时记忆是通过不断地重复练习来实现和完成的。

游戏配合

游戏名称：讲故事

适用年龄：5 岁

游戏目的：帮助孩子延长记忆时间，强化记忆力。

游戏方式：

Step 1

选择一个情节内容稍微长一点儿的故事，将故事分成三部分或多个小节。

Step 2

晚上睡觉前，先给孩子讲第一小节的故事。

Step 3

第二天开始讲故事之前，问一问孩子："昨天讲到哪里了？"让孩子回忆一下。

Step 4

每次讲故事之前，都让孩子先回忆一下前一小节的内容。整个故事都讲完后，让孩子认真想一想，将所有故事串联起来说一说。

☆家长观察笔记

Part 5
会高效思维的儿童更聪明

01 激发儿童的思维兴趣

蒙台梭利老师怎么说

在每类教学中，教师都应该根据这一路线引导儿童的心智：不是代替儿童思考，而是启发儿童自己思考，促使他们自己从事活动。比如，在联想的阶段，教师不应该说：“请看四周的这个东西或那个东西，会发现它们多么相似。”或者其他类似的话，而应该问学生：“你在四周看见什么？有没有丝毫相似……”诸如此类，不一而足。在定义某种事物时也一样，教师不应该说：“鸟是浑身长着羽毛的脊椎动物，它的两个上肢变成翅膀。”而应该通过迅速提问、纠正和类比的方式，引导儿童自己找出确切的定义。

如何引导儿童进行高效思维？前提必然是让儿童对事物怀有极大的兴趣。让兴趣在头脑中“驻足”，或如某著名教育学家所说，让心智在观念中“深化”，让心智在体系中坚守。所以，在教学中，要激发并保持儿童的这种“兴趣”。

“人为地”让儿童对我们思考的问题产生兴趣，是一件十分艰巨的任务。要让他们连续数小时，甚至数年，满怀兴趣地凝视我们，这是超人才能胜任的任务！然而，这些需要教育工作者来完成，所以说教育是一门“艺术”，是精神活动，通过这种精神活动，激发儿童的兴趣，并使之持之以恒，将使他们受益匪浅。

——摘自《儿童的自发成长》

专家解读

每个孩子都是一个好奇宝宝，他们的小脑袋里总是能产生各种各样奇怪的问题，并且喜欢追着家长“打破砂锅问到底”。这是孩子智力发展的正常表现，家长一定要重视，不仅要保持耐心，还要为他们一一进行讲解。当然，孩子有时并不能完全消化，而此时家长就需要激发孩子继续探知的兴趣，让他们在其他方面得到知识，直到他们完全理解。

游戏配合

游戏名称：小动物的家在哪里

适用年龄：3 岁

游戏目的：激发孩子的好奇心。

游戏方式：

Step 1

准备一套动物认知卡片、一张大的白纸、一套彩笔。

Step 2

在白纸上作画，先画出山洞、树枝、树洞、河流、草地、地洞等。

Step 3

家长先做示范，例如，将蛇卡片放在地洞处、将松鼠卡片放在树洞处、将小鱼卡片放在河流处。然后试着让孩子摆放其他卡片的位置。

Step 4

请孩子回答问题："蛇的家为什么在地洞里？"

☆家长观察笔记

02 提高思维敏捷度

蒙台梭利老师怎么说

儿童向我们展示的、作为智力发展指数的第一个特征与时间有关。普通人可以很好地把握这个最初特征，“快”成为聪明的同义词。对一个刺激能飞快地做出反应，观念联想快捷，能快速做出判断，这都是智力最明显的外在表现。这种“快捷”无疑和收集环境印象、构建意象、内心收获的外在表现能力有关。所有这一切都可以通过类似心智“体操”的练习实现快捷：收集大量感官材料，连续不断地让它们相结合，从中做出判断，养成自由表达判断的习惯。

正如心理学家所说，这一切使得传导通道和联想通道更加畅通，“反应的时间”更短。正如在受智力支配的肌肉运动中，重复做动作不但使动作更加完美，而且使动作更加快捷。

——摘自《儿童的自发成长》

专家解读

一些家长认为，孩子的智力是天生的，他们的思维敏捷度取决于自身。其实并非如此，孩子的智力、思维能力很大程度上来自后天的锻炼。俗话说“脑子越用越灵活”，讲的就是这个道理。家长只有随时随地地触发孩子去思考，让孩子学会主动思考的技巧，他们的思维能力才会得到一步步提高。

游戏配合

游戏名称：正面反面

适用年龄：3 岁

游戏目的：提高孩子的思维敏捷度。

游戏方式：

Step 1

和孩子面对面站好，一边向孩子发出指令，一边让孩子做动作。

Step 2

孩子的动作和家长的指令是相反的。例如，家长说：

“举起右手。”孩子要举起左手，同时说：“我是反面。”

Step 3

根据孩子的表现，合理调整游戏内容。例如，家长说：“举起左手。”孩子要举起右手，同时说：“我是反面。”家长说：“举起右手。”孩子要举起右手，同时说：“我是正面。”

Step 4

增加游戏环节。例如，家长说：“举起右手的大拇指。”孩子要举起左手的大拇指。增加的游戏内容同上。

☆家长观察笔记

03 训练空间感知力

蒙台梭利老师怎么说

儿童的反应速度是智力的外在表现。快速反应不但和练习有关，而且和逐渐形成的内在秩序有关。这种内在秩序是各种各样知识的储备，灵活运用这部分知识，是快速反应的真正关键，也是智力高低的判断标准之一。而我们要做的，就是训练儿童更加灵活地运用这部分知识储备，换句话说，就是训练儿童的空间感知力。

儿童在混乱的心智中，辨别一种感觉如同能够推理一样困难。我们应当思考3岁儿童的心智状态，他们已经看到世界，但是当他们看到太多东西时就容易感到疲劳，进而昏昏欲睡。这是因为他们的感官尚未适应，他们必须不断纠正感官的错误，当眼睛不能准确估量大小时，就要用手去核实，因此，在刺激过多的地方，儿童会感到压抑，往往会大哭或昏睡。

我们可以通过所谓的“感觉练习”，训练儿童的空间感知力，如使用一些教具分析并代表事物的属性，使儿童能够对事物的大小、形状、颜色、表面的光滑或粗糙、重量、温度、味道等做出判断。其中，事物的属性有长、短、厚、薄、大、小、黑、白、热、冷、重、轻、粗糙、光滑……将这些特性和顺序与事物属性一一对应，能够使儿童的空间感知力更加强大。

——摘自《儿童的自发成长》

专家解读

训练孩子的空间感知力，不仅要让他们知道事物的属性，即大小、形状、颜色、质地、重量、温度、味道等，还要让他们知道这些属性的内在关系，以及与其他事物的关联。这样才能丰富孩子的知识储备，进而开发孩子更多的潜能。

游戏配合

游戏名称：木偶比高低

适用年龄：3~5 岁

游戏目的：训练孩子的空间感知力。

游戏方式：

Step 1

准备 3 个高低相同的玩具木偶，然后再准备 3 块形状、大小不同的积木，如正方体、长方体、圆柱体。

Step 2

家长先引导孩子比较木偶的高低，然后将 3 个木偶分别放在 3 块积木上，让它们的高度变得不同。

Step 3

让孩子仔细观察这些木偶，认真思考一下，从中找出个头最矮的木偶和个头最高的木偶。

Step 4

请孩子思考一下，为什么木偶站在积木上后，身高变得不同了。

☆家长观察笔记

04 加强思维准确性

蒙台梭利老师怎么说

我们已经知道，儿童对事物有较大程度的感知、判断、思考的能力，这就是智力。同时，智力的积累就成了一种共识，一种文化。人类社会需要这种文化。显然，无论是成人还是儿童，都要遵循这种文化共识，而这需要人们加强思维准确性，这种准确性同样对儿童有要求。

拿科学家举例，他们会观察事物，能够发现最微小部分的价值，从而能够明确感知事物特性之间的差异，并能够将这些差异分类。毫无疑问，科学家是根据自己的心智秩序区分事物的。同样，我们可以更具体地说化学家、物理学家、地质学家、考古学家都是如此。

儿童如同科学家一样，能够根据属性识别外部世界的事物。这种识别不靠想象来构建，而是由感官来参与。头脑中的这方面探寻工作必须积极，他们分析事物，从中抽取一种特定属性，并在这种属性的指导下，用相同的连接方法把许多事物联系起来，同时进行综合。如果儿童不具备从事物众多属性中选择单一属性的能力，那就不可能根据共性进行联想、综合分析等高级智力工作。

最后，大脑将这些属性井然有序地“储藏”。这并不是简单的“储藏”，我们的智力具有辨识、整理的独特能力，能够区分事物的重要特性，并且在这些重要特性的基础上，构建自己的内在结构。

——摘自《儿童的自发成长》

专家解读

加强孩子的思维准确性，首先，要求家长及教育工作者对事物有明确而全面的认知，这样才能有客观的判断标准；其次，孩子对事物的判断与分析，不应受到外界（客观环境和家长主观意志）的干扰；最后，所有真理都是在反复论证中得出结论的，不应过分要求。

游戏配合

游戏名称：木棒和绳子

适用年龄：3 岁

游戏目的：加强孩子的思维准确性。

游戏方式：

Step 1

准备 3 根木棒和 3 根绳子，木棒的粗细各不相同，绳子的长短也各不相同。

Step 2

将 3 根绳子分别缠在 3 根木棒上，每根绳子只缠 3 圈，余下的绳子长短要相同。

Step 3

让孩子仔细观察绳子和木棒，判断 3 根绳子的长短是否相同。

Step 4

当孩子说出答案后，让他将绳子解下来，验证自己的答案是否正确。

☆家长观察笔记

05 培养逆向思维的能力

蒙台梭利老师怎么说

直观教育法常常使儿童仅接收到事物的表层信息，而难以真正理解其深层含义。人们也总是习惯按照别人的思维去考虑问题，而缺乏逆向思维的能力。这使人们的思维能力和创造力受到限制。

举个例子，20 世纪初拉韦朗受莫雷尔的有关人类退化伴随着畸形和虚弱理论的启发，并在已知疟原虫是一种原生动物的基础上推断出疟疾寄生虫在人类红细胞基质中分裂出两种性别的个体细胞是因为它发生了“退化”，进而不再引起疾病的变化。的确，寄生虫的雌雄细胞不会在人类血液中结合繁殖。人们很快接受了这一观点，并认为拉韦朗是幸运的，因为他从莫雷尔的理论中得到的启发并有了新发现。

然而，如果人们都有一个大胆的推理过程：疟原虫是原生动物，会通过细胞分裂来进行自我复制，分裂后的两类雌雄细胞——半月形、线形细胞，它们之间的运动是结合而非分裂。这样的推理下我们都可以发现更多、更广的事实真理。

如果教育能给予人类纯粹的观察能力和具有逻辑的思维能力，世界将进步得更快。

——摘自《儿童的自发成长》

专家解读

逆向思维是人们智力中很重要的一部分，家长应该注重对孩子进行这方面能力的培养和训练。让孩子不但能够自主地去思考，而且可以从多角度去思考，这样他们才能更加全面地认知事物、探索世界，才能拥有更加开阔的思维能力。

游戏配合

游戏名称：看镜子

适用年龄：3 岁

游戏目的：加强孩子的思维能力，培养逆向思维。

游戏方式：

Step 1

和孩子站在穿衣镜前，家长举起一只手，让孩子看着镜中的影像，说出举起的是左手还是右手。

Step 2

家长可以在镜子前随意做几个摆头、抬腿等动作，让孩子说出这些动作分别朝向哪个方向。

Step 3

当孩子说出答案后，如果正确请他解释为什么；如果错误，反复调整动作，请他认真思考。

☆家长观察笔记

Part 6
儿童的意志力

01 儿童的忍耐力

蒙台梭利老师怎么说

培养儿童的意志力，首先要从锻炼他们的忍耐力开始。我们有这样的见闻，尤其是儿童的父母深有体会：儿童从来都是将玩具扔得到处都是，妈妈只好一一为他们收拾残局；他们总是很霸道，喜欢的玩具一定要得到，尽管这个玩具在别的小朋友手里；他们也总是缺乏专注，对一件事物的关注度不会超过 3 分钟；有时会遇到这样的情况，即便是不再感兴趣的玩具，他们也不愿意与别的小朋友分享；他们总是喜欢得到别人的关注，走路的时候东倒西歪、发出声响，或者去叨扰其他小朋友。没错，我们总是将儿童的这种行为称为调皮捣蛋，但实际上，这种行为表明，我们应该注重对儿童忍耐力的培养了。

我们发现，当儿童得到忍耐力的训练后，他们开始学会从众多教具中选择自己更喜欢的教具；他们从橱柜中取出教具，然后会放回原处，或自愿让给同学；当他们期待使用的一件教具在其他同学手中时，知道必须等别人用完放下后再用；他们可以长时间全神贯注地做同一练习，并纠正教具揭示出的错误；他们在做肃静练习时，要抑制其所有冲动和运动，在听到点名后起立，能准确控制不让脚步有声、不碰撞桌椅。这时他们就完成了意志行为。

——摘自《儿童的自发成长》

专家解读

在培养孩子的忍耐力时，家长一定要有充分的耐心。刚开始进行忍耐力训练，孩子自然不适应，所以可以从身边的一些小事开始，随着训练的强化，再逐渐提高要求。当孩子取得进步时，一定要适时给予表扬，以满足其心理需要。同时应注意让他明白，这样做是正确的行为，孩子才会自主地去改正，而非刻意表现。

游戏配合

游戏名称：坐正画图

适用年龄：3~5 岁

游戏目的：训练孩子的忍耐力。

游戏方式：

Step 1

让孩子选择一本自己喜欢的画册（可以是最新上市的动物、卡通、人物等），准备好一套 24 色彩色铅笔，一本图画本。

Step 2

给孩子做临摹示范，要求孩子坐姿端正，直到画好一幅画为止。

Step 3

让孩子自己临摹，家长在旁边观察。当发现孩子坐姿不正、临摹感到不耐烦时，家长要给予提醒和帮助。如果孩子觉得困难，可以先在图画本上练习。

Step 4

当孩子临摹的与模板相似程度接近时，家长要给予孩子奖励。最后让孩子为自己的临摹作品涂上不同的颜色。

☆家长观察笔记

02 培养好习惯

蒙台梭利老师怎么说

我们的意志是在行动中得到体现的，儿童也是如此。儿童行走、劳动、说或写、睁着眼睛看或闭上眼睛不看，都要通过行动来完成。若没有行动，就不会有意志的表现。

儿童意志力的强弱是自身习惯的结果。习惯是可以培养的，当儿童形成一套良好的习惯时，他们的意志力自然而然就得到了提升。但通常好的习惯不是一蹴而就的，而是需要用心培养。当儿童养成好的习惯，他们做这些习惯性动作时，父母就不再会有困难的感觉；儿童也不再需要理性和认知的帮助——这些动作几乎可以成为条件反射性。我们现在要讨论的就是如何让这些习惯成为本能，成为反射性行为。

我们清楚地知道，习惯不好的人，往往会犯下很多错误；他们很难完成创造意志的行为，并且不会意识到这些行为随时随地需要接受集体意志的监控和指导。他们的行为也绝对不可能和举止文雅、仪态端庄的习惯竞争。

所以，要让儿童培养好习惯，成为一个意志力强的人。同样，必须尽早让儿童开始这种积极的练习，这是帮助儿童智力发展不可或缺的。

——摘自《儿童的自发成长》

专家解读

习惯可以陪伴孩子的一生，良好的习惯能够帮助他们的智力稳步、健康地发展，在其他方面取得成绩；而不好的习惯时时刻刻影响着他们的生活和学习，危害极大。所以，家长必须及早培养孩子的好习惯，不能纵容孩子的恶习。

游戏配合

游戏名称：吐泡泡

适用年龄：3 岁

游戏目的：让孩子养成刷牙的好习惯。

游戏方式：

Step 1

为孩子准备儿童专用的牙刷、牙膏及其他牙齿清洁用品。

Step 2

和孩子自编自演一首儿童刷牙歌。早晨和晚上睡觉前，带领孩子唱一遍，然后和孩子一起走进盥洗室，一起刷牙。

Step 3

指导孩子正确的刷牙方法，力求做到上牙齿和下牙齿得到全面清洁。

Step 4

每天坚持早晚刷牙各一次，刷牙时间不少于 3 分钟。

☆家长观察笔记

03 儿童素养教育

蒙台梭利老师怎么说

素养问题也是意志问题，我们所有的行动都来自意志的冲动和抑制之间的合力，这种合力使人们有了素养。一个整体习惯优良的人，被称为一个“有良好教养的人”。

素养需要人们考虑很多问题，比如，我们会因一时冲动想去探访朋友，但我们认识到可能会打扰人家，因为那天不是接待日，于是我们便改变了主意。我们舒适地坐在客厅的角落里，但此时进来一位尊贵的人物，我们会立即起立。邻居吃的甜食正好是我们爱吃的，但我们要注意不让人家看出来。这些都是素养问题。

当我们可以为别人设身处地地着想，我们就成为一个有教养的人。我们身体的所有动作不是由冲动或疲劳决定的，而是出于礼貌、庄重，重复这些正确的行为。

——摘自《儿童的自发成长》

专家解读

素养教育不仅仅要求孩子要有良好的行为举止，说话使用礼貌用语，还应该具有优良的品德，包括尊敬师长、热爱劳动、互帮互助等。在孩子素养教育问题上，家长和教育工作者丝毫不能马虎，孩子的智力教育可以根据其特点进行不同程度的开发和培养，但是素养问题是关系个人品格的重要问题，是关系孩子成年后为人处世的关键。所以，在孩子开始认知世界时，家长和教育工作者就应注重培养孩子的品行。

游戏配合

游戏名称：坐凳子

适用年龄：3~5 岁

游戏目的：培养孩子互相谦让的素养。

游戏方式：

Step 1

组织 5~8 个孩子或者家长、孩子一起进行游戏，准备一个小凳子。

Step 2

家长或组织者宣布："每个人都可以坐凳子，但是想要坐凳子，必须经过对方许可才可以，并且每次都要用到‘谢谢’‘对不起’‘麻烦’‘劳驾’等词语。”

Step 3

游戏开始，家长先做示范。爸爸坐在凳子上，妈妈说：“麻烦，我可以坐一会儿凳子吗？谢谢。”然后让孩子参与进来。

Step 4

休息时间，请孩子思考为什么要互相让凳子，并做出解释。

☆家长观察笔记

04 增强意志力的持久度

蒙台梭利老师怎么说

儿童意志力的持久度，其实就是冲动和抑制两者之间的平衡问题。冲动多于抑制，儿童表现为思想涣散，行动偏多；而抑制多于冲动，也并非是完全健康的，儿童可能表现为行动迟缓。只有两者相互平衡又相互制约时，儿童意志力持久的问题才能得到解决。

在教育中，尽早组织有益于构建个性的所有机制，具有重大价值。为了帮助儿童调控冲动和抑制两者之间的关系，我们要做的是让他们自由活动。让儿童持续、有趣地运动，是对意志力薄弱儿童的最好奖励；当他们学会构成有序练习的运动时，能起到抑制冲动的作用；而意志力过强的儿童，在摆脱警戒羁绊后，能够自己行动，即让所有从外部造成抑制的原因远离自己，在两种对立中找到平衡。

这条拯救之路不仅适用于儿童，也包括成人。我们发现，当人们的冲动和抑制趋于平衡时，弱者在这里变强，强者在这里变完美。

——摘自《儿童的自发成长》

专家解读

孩子意志力的持久度相比成人要弱，表现为孩子在某一段时间非常乖巧听话，认真完成学习或其他任务，有时却非常顽劣，直至哭闹不止。这种现象的出现，家长可能会误以为是孩子的身体出现了异样，或周围的环境影响到了孩子，但实际上这是孩子感到疲惫或调整习惯的表现，家长适当给予安慰后，仍应继续保持对孩子习惯的培养训练，千万不能因此中断。

游戏配合

游戏名称：走迷宫

适用年龄：5岁

游戏目的：增强孩子意志力的持久度。

游戏方式：

Step 1

准备几张从简单到复杂的迷宫地图，一支铅笔，一块橡皮。

Step 2

先给孩子示范走迷宫的基本方法。用铅笔从入口处逐渐沿着路径画，走到死胡同时，用橡皮擦掉错误的路径，直到走出去为止。

Step 3

让孩子先从简单的迷宫开始，逐步再向高难度的迷宫过渡。

Step 4

当孩子能熟练走出迷宫后，与孩子比赛，看谁先走出迷宫。

☆家长观察笔记

Part 7
儿童特有的分析能力

01 对颜色、形状的区分

蒙台梭利老师怎么说

当儿童开始区分各种属性的不同程度，如把同一种教具排序，可以对相同色调、不同饱和度的色板，相同形状、体积大小不同的积木等进行区分时，说明儿童的分析能力正在发展。

在他们学会将事物进行区分之后，他们就不再需要父母帮助重复这种秩序了，而是以一种儿童探索环境中事物的内在属性的兴趣而产生动力。那时，儿童可以惊喜地发现天空的颜色是蔚蓝的，伸出的小手是光滑有弹性的，窗户是长方形的。

其实他们发现天空、小手和窗户并不能代表什么，也不会给世界带来什么不同，但是，他们找到了各自在心智秩序上的位置。这就决定了他们内在个性的稳定平衡，这种平衡带来平静、力量和获取新知识的可能。

这种秩序有益于节省力量和时间，正如一座井然有序的博物馆使探寻者能够节省时间和精力一样。这样，儿童就能从事大量工作而不觉得疲劳，能在更短的时间内对刺激做出反应。

——摘自《儿童的自发成长》

专家解读

训练孩子对颜色、形状的区分能力，看似容易实则并不轻松。孩子不仅要对各种颜色、形状进行对比，还要感知周围环境中物体的色泽、形状、大小。对事物有基本的认知和判断，其实是一个认知周围景象的过程。在孩子训练的过程中，家长一定要加强对细节观察的引导。

游戏配合

游戏名称：找东西

适用年龄：5 岁

游戏目的：培养孩子的视觉识别能力和分析能力。

游戏方式：

Step 1

准备一些玩具、学习用具、零食、瓜果等，把它们集中放在一个盒子里。

Step 2

在纸上记录好盒子里所有物品的特征，包括物体的颜色、形状等。

Step 3

请孩子参加游戏，并询问："你能帮我找到蓝色的、透明的三角尺吗？"让孩子从盒子里找到相应的物体。

Step 4

增加游戏难度，例如：把所有的三角形物品或蓝色的物体找出来。

☆家长观察笔记

02 训练儿童对环境的感知力

蒙台梭利老师怎么说

我对幼儿教育所做的贡献，实际上倾向于根据实验启示来确定儿童内心发展的自由形式。通俗地讲，就是让儿童在自由自在的玩耍中，得到有益于心智发展的东西。而家长不必过分担心他们是否能从中获得“营养”。

如果儿童不能根据其本性进行有机、自发的发展，如果没有促使儿童努力发挥潜质的手段及掌握促使其和谐、自然发展的必要方法，那么就不可能设想儿童发展的自由。为了发挥潜质，让儿童自由活动，他们应当在环境中发现与自己内心秩序（按自然法则正在发展）有直接关系的有组织的事物。正如自由的昆虫应当在花的外形和性质中发现与自己所需养分的直接关系一样。无疑，当昆虫探寻到所需养分——花蜜，实际上也促使了植物的生长，它是双向获利的。

由此可见，要让儿童在不违反规则的基础上自由活动，让他们自主地获得精神养料和知识。他们在对原始刺激做出反应的同时，既训练了智力，又发展了他们高尚的品质，诸如工作时的耐心和持之以恒，道德上的友善、热情、从容。

——摘自《儿童的自发成长》

专家解读

孩子不仅要学会认知、识别事物，更要学会从环境中获得知识，抓住锻炼的机会。孩子的成长终究是属于自己的，家长和教师只能陪伴其一段时间，大部分知识还是需要他们自己去学习和钻研的。所以，家长在教育时应意识到这一点，尽早培养孩子独立学习的本领。

游戏配合

游戏名称：我在哪里

适用年龄：5 岁

游戏目的：培养孩子自主学习的能力和对环境的感知力。

游戏方式：

Step 1

带孩子出去玩时，与孩子玩互动游戏。例如，在坐车时与孩子装作在互相打电话，家长发出电话铃的声音，让孩子“应答”。

Step 2

询问孩子此刻在哪里、要去哪里、干什么等问题。引导他看窗外的景色，请他描述他看到的东西。

Step 3

尝试让孩子做评价性回答，例如，让孩子回答“游乐场好不好玩？”等问题。

Step 4

引导孩子提问，解答孩子的疑问和要求。

☆家长观察笔记

03 儿童的应变能力

蒙台梭利老师怎么说

为儿童准备一个能自由运动的环境，让他们蹦蹦跳跳，在公园的草地上和其他儿童一起玩乐。现在我们来看看年龄大一点儿和年龄小一点儿儿童的应变能力：当父母的注意力不在儿童身上时，儿童会显得不耐烦、抗拒和啼哭，这是年龄小一点儿儿童的行为，或许这是他们本能地想要得到保护的应变能力；年龄大一点儿的儿童则不同，他们不喜欢被父母看管着，而是选择一个隐秘的地方为自己搞点小发明，而且感觉这样做是快乐的，这是他们的应变能力。

我们说，儿童的应变能力是很强大的。如果他们在运动中没有“智力目的”，就会缺乏向导，运动就会让他们感觉到疲劳。所以，让儿童拥有并保持这种能力，要让他们参加劳动，比如，给小桌清除灰尘、扫地、布置或收拾餐桌、给皮鞋打油、折叠地毯等。当他们做这些劳动时，就需要积极地努力，同时心理和身体也得到了锻炼。

——摘自《儿童的自发成长》

专家解读

培养孩子的应变能力，需要家长在不断改变的环境中助其意识到事物的发展变化，引导他们进行思考，例如，“如果不这样做，事情会发展成什么样子？”等，让孩子意识到自己的行为可能会对结果产生很大的影响，进而培养他们对事物的客观判断能力。

游戏配合

游戏名称：萝卜蹲

适用年龄：3~5 岁

游戏目的：培养孩子的应变能力。

游戏方式：

Step 1

家长和孩子一起玩这个游戏，由孩子为自己选择一个名字，如粉萝卜，家长各自选一个名字，与孩子重复几遍各自的角色名称。

Step 2

家长或孩子轮流发令，发令者喊“开始”，然后自己开始做下蹲动作，例如，妈妈开始喊：“绿萝卜蹲，绿萝卜蹲，绿萝卜蹲完粉萝卜蹲。”接着由扮演粉萝卜的人完成这个动作，以此类推。

Step 3

在循环的过程中，如果有人没有反应过来，要唱歌给大家听作为惩罚。

Step 4

增加游戏难度，可以让更多的小朋友参与进来，名称和人数变多更能锻炼孩子的应变能力。

☆家长观察笔记

04 强化分析能力

蒙台梭利老师怎么说

生命本身是生机勃勃的，当智力的火花在心中点燃时，会产生奇妙无比的力量。我们发现，逻辑分析能力很大程度上决定了儿童的智力。天才儿童最大的特点是善于分析，他们擅长根据事物的相似性进行联想。

天才能有新的发现，是因为他们的目光没有停留在某些事物本身上，而是观察着某些事物中同类事物的独特性。有时真理并不难，它很可能只是混在一个杂乱的观念中，我们注意不到而已。再加上新事物的干扰，我们的思维会在适应和无能为力之间显得很混乱。而我们要做的就是去除这些混乱。

寻找事物的相似性和独特性，也就完成了最基本的逻辑分析。

——摘自《儿童的自发成长》

专家解读

培养孩子的分析能力，家长一定要注意环境对他们的影响。这一影响包括积极和消极两方面内容：积极的方面是让孩子细致观察周围的环境，从而激发他们思考；消极的方面是减少或去除了条件的约束，增加了杂念。家长要帮助孩子去除杂念，让他们的精力能全部集中在所要思考的问题之上，思路自然清晰、有条理。

游戏配合

游戏名称：拼拼看

适用年龄：5 岁

游戏目的：训练孩子的分析能力。

游戏方式：

Step 1

准备一套拼图画板，可以是 9 块、12 块、16 块或 16 块以上拼图。

Step 2

家长给孩子做示范，将一些混乱的拼图拼成完整图案，然后打乱让孩子自己拼。

Step 3

如果孩子感觉有困难，可以让他休息一会儿，去观察周围的环境。

☆家长观察笔记

后记

从北京师范大学毕业后一心致力于教育事业，如今如愿实现。每天，当我站在教室，面对一张张质朴的脸庞，授予他们知识时，我都倍感荣耀。

俗语说“十年树木，百年树人”，果然如此。每每和学生们在一起，或是探讨问题，或是一起参加体育活动，我都能从他们身上感受到一股朝气蓬勃的力量。同时也深知自己作为学生们的榜样，肩膀上的责任重大。

在教学过程中，每个教师、家长都会遇到问题，无论是教学方法方面的，还是学生个人方面的，我想大多数人都为此感到头疼、不解。我也遇到过这些问题，所以总是翻开书籍，希望能从中找到解决之法。

当我翻开蒙台梭利文集时，内心就被这位慈祥的教育学家的思想和心得深深折服，她不愧为“20世纪最伟大的科学与进步的教育家”。她在文章中提到的很多观点，值得今天的我们拿出来细细研究，我想这也有可能是未来教育改革所不可缺少的参考；她提出了很多教学方法，我认为这些论述对学生的教育也是很有帮助的。所以，我和众多教育工作者探讨了这个问题，并决定从蒙台梭利的论述中提取若干可以帮助学生进步的方法，希望对学生和教育工作者有所启发与帮助。

在探讨观点和实验教学方法的过程中，我们遇到了诸多困难，但都一一克服，力争把最好、最全面的观点和方法呈现出来，以供家长和孩子们练习。在此感谢所有参

与编辑此套书籍的工作人员，一并感谢帮助出版此书的有识之士，感谢你们为教育事业所做的贡献！

我们都以一颗赤诚的心，将精力奉献给祖国未来的花朵，我想这将是利国利民的实事、好事。人们总把教师称为“人类灵魂的工程师”，此刻我由衷地认为任何对教育有帮助、有贡献的人都应享此荣誉。

最后，作为一名受家长信赖、受社会大众委任的人民教师，我将继续义无反顾地投身于教书育人的事业，与同事将这些新的教育方法运用在教学过程中，并不断地总结经验，力图能像蒙台梭利所述的那样，让孩子们在自由中成长，在学习中进步，在教育中成才。

唐玉芸

蒙台梭利

家庭快乐课堂

培养语言能力的29个亲子游戏

[意]玛丽亚·蒙台梭利_著

唐玉芸_编译

0~6岁

西苑出版社

XIYUAN PUBLISHING HOUSE

·北京·

图书在版编目（CIP）数据

蒙台梭利家庭快乐课堂.智商专辑.培养语言能力的29个亲子游戏:0～6岁/(意)玛丽亚·蒙台梭利著;唐玉芸编译.-- 北京:西苑出版社,2021.3
ISBN 978-7-5151-0777-6

Ⅰ.①蒙… Ⅱ.①玛… ②唐… Ⅲ.①语言教学—学前教育—教学参考资料 Ⅳ.①G613

中国版本图书馆CIP数据核字（2020）第261851号

蒙台梭利家庭快乐课堂.智商专辑.培养语言能力的29个亲子游戏:0～6岁
MENGTAISUOLI JIATING KUAILEK ETANG. ZHISHANG ZHUANJI. PEIYANG YUYAN NENGLI DE 29 GE QINZI YOUXI: 0～6 SUI

责任编辑	辛小雪　刘　崴
装帧设计	仙　境
出版发行	西苑出版社 XIYUAN PUBLISHING HOUSE
地　　址	北京市朝阳区和平街11区37号楼　邮政编码：100013
电　　话	010-88636419
印　　刷	三河市东兴印刷有限公司
开　　本	880mm×1230mm　1/24
字　　数	117千字
印　　张	5.75
版　　次	2021年4月第1版
印　　次	2021年4月第1次印刷
书　　号	ISBN 978-7-5151-0777-6
定　　价	118.00元（全3册）

序

发现成长的秘密，给儿童科学的教导

玛丽亚·蒙台梭利是20世纪享誉全球的幼儿教育家，她所创立的幼儿教育方法的特点在于对儿童早期教育的重视。《西方教育史》称她为“20世纪赢得欧洲和世界承认的最伟大的科学与进步的教育家”。

1907年，蒙台梭利在罗马的贫民区建立了一所“儿童之家”，她运用自己独创的方法对那些招收来的3~6岁的儿童加以教育，结果使得那些出身“普通的、贫寒的”儿童的心智发生了巨大转变，他们皆被培养成了聪明、自信、有教养、生机勃勃的少年英才。于是，人们纷纷仿照蒙台梭利的教育模式建立了许多“儿童之家”。1909年，由蒙台梭利编写的《运用于“儿童之家”的科学教育方法》一书出版上市，很快便被译成20多种文字在世界各地流传。随后有100多个国家引进了蒙台梭利的方法，蒙台梭利在世界范围内引起了一场幼儿教育的革命。

由蒙台梭利提出的蒙氏教育法是一种针对儿童及幼儿的教育理念。蒙台梭利在很大程度上接受了卢梭、裴斯泰洛齐、福禄贝尔的自然教育与自由教育的观点，并根据自己的实际观察和实验研究提出了一种全新的教育理念，旨在全面提升儿童素质，发展儿童潜能。

读过蒙台梭利系列图书的读者对于儿童的教育问题会有一种脱胎换骨般的认知，

能够感受到蒙氏教育法对儿童的尊重、对生命的尊重，从人性与生命的角度去揭示儿童成长的秘密，揭露教育的本质。在这一点上，是以往的教育方法并不具备的。

蒙台梭利利用儿童自身的成长要求，在不损害儿童的自由与快乐的前提下，实现教育的目的。她认为，儿童有与生俱来的“内在生命力”，这是一种积极的、不断发展的无穷力量，而教育的任务是对儿童“内在生命力”的激发和促进，并不是强行地向儿童灌注成人的思想。所以，教师和父母要想帮助儿童获得良好的身心发展，必须先了解儿童的内心世界，从儿童自由与自发的活动中去仔细地观察和研究。

蒙台梭利认为：“儿童有绝对的自主权，让他们自己决定玩什么、学什么。”与传统的教育方法有所不同，蒙氏教育法的目的是帮助儿童自然地成长，更强调对儿童的秩序感、专心度、独立能力和手眼协调能力方面的培养，为儿童提供他们所需要的活动环境，让儿童感受到绝对的自由和尊重，让他们快乐地成为他们自己。

据此，蒙台梭利为学龄前儿童创造设计出一整套有效引导儿童迅速成长的训练方法。她提倡教育应当以儿童为中心，把握儿童的敏感期，注重儿童智慧与品格的养成，尊重儿童的成长步调等，对儿童进行体育、感官、知识、生活等方面的教育。

蒙氏教育法源于对儿童的充分了解和研究，其中包含着很多有价值的教育观点，在她的著作中均有详细介绍。在此，我们为了让读者更好地了解她的教育观点，特意编译了这套“蒙台梭利系列”图书，在尊重原著的基础上，对原著内容进行了筛选和调整，力求能够让蒙台梭利的教育理念更易被家长理解和运用。

本套书为智商专辑，包括《蒙台梭利家庭快乐课堂：培养智力能力的30个亲子游戏（0~6岁）》《蒙台梭利家庭快乐课堂：培养数学能力的30个亲子游戏（0~6岁）》《蒙台梭利家庭快乐课堂：培养语言能力的29个亲子游戏（0~6岁）》。这3本书的侧重点不同，从儿童不同方面的教育培养入手，其中《蒙台梭利家庭快乐课堂：培养智力能力的30个亲子游戏（0~6岁）》是对儿童的注意力、想象力、观察能力、记忆

力、思维能力、意志力、分析能力方面的训练指导；《蒙台梭利家庭快乐课堂：培养数学能力的30个亲子游戏（0~6岁）》是对儿童的算术、几何方面的训练指导；《蒙台梭利家庭快乐课堂：培养语言能力的29个亲子游戏（0~6岁）》是对儿童的语言能力和交际方面的开发与训练指导。

我们希望通过这套书，来指引家长更科学地对待儿童，给予儿童最佳的教育方式。这套书并不是晦涩难懂的理论书，而是操作性很强的工具书，其中包括摘自蒙台梭利原著的“蒙台梭利老师怎么说”，针对我国国情和目前家庭教育现状提出的“专家解读”，以及供家长参考的训练游戏“游戏配合”这三大模块的内容。

蒙台梭利的教育思想和她的著作风靡全球，赢得了广泛的好评。在当前的中国社会中，教育问题丛生，家长为了孩子的教育也是操碎了心。所以，我们更是需要一套有效的教育方法来做指引。我们希望，在认真阅读本套书之后，所有的家长都能够更加科学地对待儿童，找到适合他们的最佳的教育方式。

语言的作用与学习

语言作为人类与其他动物的根本区别，是人类融入自己所生活的群体和民族的重要交际工具。我们无法预测一个儿童成年后的生存状态，但有一点是毋庸置疑的，无论儿童长大后要做的是什么工作，优秀的语言能力都是前提和基础。如果一个人无法与他人正常交流，即便他的思维能力再强大，也很难在社会上生存下去。

语言就像是一个“集体思想”的工具，在儿童获得启蒙之前，语言对他们而言并没有什么实质意义，只是人发出的一连串响动。就比如“水壶”“瓶子”这类容器的名称对于婴儿就没有任何意义，而这些词语本身是人类约定俗成的定义。当一个群体认可了这种定义，人们才可以在群体中用它进行交流。从这个角度也可以认为，是语言将人类划分为了不同的族群。

在不同的族群内，语言并不是起分隔的作用，而是一种连接的媒介。有了语言，人类才有了联络的渠道，人类的相关需求才能得到满足。所以也可以说，语言是和人类思想同步发展的智慧的产物，是超越了自然的产物。

蒙台梭利通过研究儿童对语言学习的过程来探查人类对语言的掌握。儿童对于语言的吸收和学习看上去毫不费力，但对其中学习的原因人们尚未给予足够的认知。在很多人看来，婴儿只要是与会说话的人在一起生活，自然就能够学会运用语言。但是，语言其实是很复杂的。

蒙台梭利通过对儿童语言学习过程的细致观察和研究后发现，所有儿童的语言发展都遵循了同样的规律，不论儿童身处的环境和语言程度是否复杂，儿童对于语言的学习大多都会经历几个相同的发展阶段，都要从简单发音、使用单词到熟练使用语法和句法等阶段逐步进行。

对于儿童的语言发展问题，蒙台梭利进行过深入的研究和实验。根据她的研究经验，我们将儿童在语言能力的学习与发展阶段，从听力、语言、书写、口语、阅读、社交等方面进行了划分。本书的立意点侧重于为家长提供详细而实用的指导，解决家长所关注的儿童语言能力的开发和培养问题。

本书按照儿童生理和心理的发展顺序，将儿童语言能力的发展归类为“听力敏感期”“语言能力发展期”“语言爆发期”“书写爆发期”“口语和书写的共同发展期”“阅读爆发期”“社交能力发展期”7个时期。每个时期本书都为家长系统地分析了儿童在这一时期的教育重点问题。在每一个小节中，我们都设置有摘自蒙台梭利原著作的“蒙台梭利老师怎么说”模块，这些内容是我们从蒙台梭利的著作中提炼总结的内容，帮助家长直接接触蒙氏教育的精华内容，缩短阅读的时间。“专家解读”模块是针对我国国情和目前家庭教育现状提出的家庭教育指导意见。“游戏配合”模块中的游戏，是供家长参考的对儿童进行训练的游戏指导。

我们希望家长通过这本书，可以结合自身的情况运用蒙台梭利的教育理念，在儿童的“听力敏感期”“语言爆发期”“书写爆发期”等时期中，给予儿童最科学、最恰当、最自由的教育方式，让儿童能够健康、快乐地成长。

目录

Part 6

从书写到阅读的自然成长

Part 7

儿童社交语言能力训练

Part 1
儿童的听力敏感期

01 儿童的早期听力训练

蒙台梭利老师怎么说

语言对于刚出生的婴儿来说并不具备任何意义，在婴儿看来，语言只是空气的连续振动，或者是人发出的一连串响动。

在儿童 4 个月大时，他便开始注意人们是通过嘴唇的颤动来发出声音。也有一些人认为，在更早一些的时候，儿童便能敏锐地发现，他所能接受的语言源自成人的嘴巴。那时，儿童会仔细地观察说话人的嘴唇，甚至会在浓厚的兴趣下产生模仿的意识。之后，便是有意识的学习的开始。

当然，儿童在这段时期的观察和模仿是在一种无意识状态下进行的，那时，他们的说话发音器官和肌肉还不能准确实现大脑的意图，只是说话的意识被听觉唤起，兴趣会促使他们增强关于这方面的注意力，促进他们语言能力的进一步发展。

在儿童成长到 6 个月大时，就可以发出“爸”“妈”这样的单音节声音。那时，语言便不仅仅是存在于他们的潜意识中，也不再是机械式的学习，而是开始被尝试运用的一种技能。

当儿童成长到 10 个月大后，他们就能够通过父母对他们温柔的说话，感受到语言的含义，并且开始积极地想要了解那些话的含义。

——摘自《有吸收力的心灵》

专家解读

婴儿总是会对周围的声音抱有浓厚的兴趣，所以，家长要抓住一切时机来训练孩子的听力。我们要抓住生活中的各种机会，对孩子的听力进行训练。就比如在给孩子穿衣服、喂食东西时，都可以对孩子愉悦地表达。我们与孩子的每一个互动，都是训练他们听力的最佳时机，同时也是我们与孩子亲密接触、沟通感情的最佳机会。

这项训练不需要做任何事前准备，也不需要准备任何道具，只要家长在恰当的时间内，用温柔的语气和孩子说话就可以了。孩子总是能够从家长说话的语气和声音中得到吸引，尤其是在孩子 4 个月大时，就能够注意到他人发出的声音。之后，孩子就会观察成人说话时嘴唇的动作，并加以模仿。

孩子总是会突然地发出某种声音，来给你一个惊喜。

游戏配合

游戏名称：开心谈话

适用年龄：2~6 个月

游戏目的：对孩子进行早期的听力训练，通过成人的表情和动作，让孩子在婴儿时期的听力得到很好的锻炼。

游戏方式：

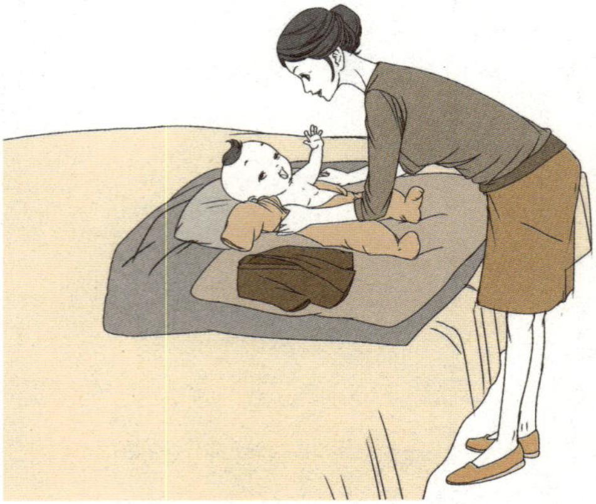

Step 1

妈妈面带微笑地看着孩子，用温柔的语调表达。

Step 2

“妈妈要给宝宝换衣服了，来伸一伸小胳膊，活动活动。”

Step 3

“宝宝你看，爸爸要去上班了，来，我们跟爸爸说再见。”

☆家长观察笔记

02 让儿童获得语言的感受

蒙台梭利老师怎么说

在婴儿出生之前，耳朵便已经获得了良好的发育，即便是 7 个月大的早产儿，他的耳朵也能够发挥正常作用。但是，耳朵对于儿童语言形成的作用，我们尚未找到答案。

有些研究新生儿的心理学家认为，婴儿的听觉器官发育最慢，对声音的反应较为迟钝，只有很大的声音才能刺激到他们的听觉。但是我认为，新生儿的语言中枢是灵敏的，尤其是面对那些带有词语的语言时的表现更为突出。新生儿的神经中枢专门用于倾听语言和词语时，只会对人类语言这样的特定声音产生反应。

所以，我的结论是，婴儿最初只对语言有某种反应，借此来为自己的语言表达做准备工作。在婴儿的听觉器官尚未能够区分不同声音时，他可能会通过对环境中声音的模仿来发出类似的声音，其中也包括人类说话的声音。

儿童的神经中枢最初只对人类的语言有敏感反应，有利于儿童进行语言学习的有效性。这种机制就像是大自然专门为儿童学习语言而设计的，促使儿童将听到的人类语言转化为自己的东西。

——摘自《有吸收力的心灵》

专家解读

让孩子获得语言的感受就需要时常让他处于语言环绕的环境中，但是请记住，孩子在婴儿时期的听觉十分敏感，他对于单独的某一种声音的捕捉会更加细腻。如果在和婴儿说话时添加一些适当的表情，让他通过表情来感受你说话的内容，能够让他尽早地感受到语言和表情的关系。

通过语言传达的表情动作会影响到孩子，他先是会有一瞬间的疑惑，那时他的脑海中会对语言和表情进行大量的分析，分析之后会试探性地回复一些表情。所以，这也是一个通过语言和表情对孩子进行面部肌肉训练的机会，让他通过听力来培养出丰富的表情变化。一个人是否具有丰富的表情，与他的性格培养、面部肌肉活跃程度有很多方面的联系，其中后者就与儿童早期训练密切相关。

游戏配合

游戏名称：宝宝妈妈一起笑

适用年龄：2~6 个月

游戏目的：通过听力锻炼孩子的面部肌肉，丰富孩子的表情动作和对语言的理解能力。

游戏方式：

Step 1

将孩子抱在怀中，与孩子轻声地聊天，吸引他的注意力。

Step 2

抱着孩子对他说："妈妈在对宝宝笑，宝宝也对妈妈笑一笑，好吗？"

Step 3

拿着一个玩具，笑着对孩子说："这是小熊，宝宝喜欢毛茸茸的小熊玩偶吗？"

☆家长观察笔记

03 提高儿童对声音的分辨能力

蒙台梭利老师怎么说

听力所具有的特殊的重要性在于，它与讲话发音的感觉器官有着密切联系。所以，我们要让儿童去倾听周围的各种声音，引导他们去辨别那些声音。这些声音可以有助于提高儿童对于语言的接受度，可以让他们更加清楚地分辨别人的语言发音。

我们在与儿童说话时，应注意发音的准确性，即便是用很小的声音说话，也要留意发音要准确、到位、清楚，避免给儿童错误的引导。我们在引导儿童进行感觉训练时，也是在教导他们练习语言发音。

我们会教儿童如何给各种声音带来的感觉命名，当他们在听觉练习中分辨出不同物体的差别时，我们就会用相应的词语来表达这种差别，让儿童能够清楚明白。

比如，儿童在用积木搭建房子时，我们可以拿出最大的和最小的积木，用语言表达出“大的”“小的”的概念，引导儿童熟悉感觉和语言的联系。儿童并非马上就能掌握，所以我们需要反复地、多次地、清楚地发出声音，让他们掌握这两个词语的含义。

我们可以通过一些小测试来检查儿童是否已经听懂了这两个词语的含义。我们可以对他们说：“请把大的给我，大的。”“请把小的给我，小的。”看儿童是否能够正确理解。

之后，我们可以通过询问来检查儿童对于这两个词语的掌握程度。我们可以拿着一个大的积木问：“这是什么样的？”儿童能够掌握这两个词语时，就可以准确地回答提问了。

在培养儿童的分辨能力时，我们要耐心地、尽可能反复清楚地重复相应的词语。第一阶段是先给这个物体命名，告诉儿童概念；第二阶段是通过询问儿童来加深识别；第三阶段是引导儿童发音。

——摘自《蒙台梭利儿童教育手册》

专家解读

提高孩子对声音的辨别能力，可以从很多生活中能够遇到的简单的内容开始，比如，“大”和“小”、“红”和“蓝”等。同时，我们也建议对一些年龄更小的孩子或者初级听力训练的孩子做一些更简单的感染式教学，比如，让孩子去学习小动物的叫声。

这种游戏可以锻炼孩子的发音能力，也可以有效地拓展孩子的知识面，加强他们对小动物的了解。在进行教学时，切记不要给予孩子太多不同种类的示范和引导，以免影响孩子的记忆效果。

游戏配合

游戏名称：小狗小狗汪汪叫

适用年龄：1~2 岁

游戏目的：锻炼孩子的听力和发音，拓展孩子对不同事物的认知。

游戏方式：

Step 1

先与孩子一起认识卡片上的动物形象，如拿出一张印有小狗的图片。

Step 2

向孩子介绍这个小动物的名称，模拟这种小动物的叫声，引导孩子和自己一同发出这种声音。

Step 3

当孩子熟悉了不同小动物的声音后，我们尝试提出某种小动物的名称，让孩子模拟对应的动物叫声。

☆家长观察笔记

04 增强儿童对声音的理解能力

蒙台梭利老师怎么说

语言器官的运动是以大脑中存储的语言信息为基础，依靠大脑中对于声音的记忆来获得动力的。语言无须依靠单纯的逻辑推理便能实现，因为它是自然机制的产物。

儿童在刚出生时是无法听懂别人说话的，同时自己也不知道什么是表达。但儿童在刚出生时不会做的事情，在后来却会做了。这就说明，在生命的最初，运动中枢并没有任何的语言功能，感觉中枢也和语言没有什么关联。但是，这两个中枢全都具有语言表述的潜能，也就是说，它们具备对语言的学习能力。

在我们深入研究后发现，感觉能力也会随时参与到语言学习中去，也就是说，除了这两个神经中枢，听觉也会影响对语言的接收。这些自然的安排令儿童从出生起就在为学会说话做准备，自发地开始学习如何适应这个社会。

耳朵这种听觉器官非常精密而复杂，可以对不同的声音做出反应。当声音传入了耳朵内的鼓膜，我们就能听到各种声音。自然界赋予了耳朵对各种声音的捕捉能力，让它能够感受到声音带来的震动。

——摘自《有吸收力的心灵》

专家解读

听的目的是为发音做准备，而最初的发音可以以一些实际物品做参照，给予孩子真实的物质感受，方便他们记忆和对词语的积累。当孩子掌握了一些基本词语时，我们可以通过“听指令做动作”这类小游戏来加深孩子的记忆。

做游戏时要注意场地的开阔，避免空间过于狭窄、可选择物品太少等问题。另外，家长和孩子做游戏时要注意孩子的自身安全，不要选择那些过于危险的物品让孩子触摸。这种游戏可以锻炼孩子对声音的理解能力，让他们了解自己听到的词语的具体意义，让听觉、视觉、触觉都能得到很好的锻炼。

游戏配合

游戏名称：听指令做动作

适用年龄：1~2 岁

游戏目的：锻炼孩子对声音的理解能力，让孩子能够辨别出听到的词语的意思。

游戏方式：

Step 1

准备一首儿歌：“宝宝妈妈做游戏，摸摸这儿，摸摸那儿，摸完回到妈妈这儿。”

Step 2

妈妈唱完儿歌问："宝宝，凳子在哪里呀？去摸摸凳子，然后回到妈妈这里来。"

Step 3

在孩子做动作时，妈妈可以重复唱儿歌，并且示意孩子哪个是凳子。

☆家长观察笔记

Part 2
儿童语言能力的发展

01 激发儿童的说话兴趣

蒙台梭利老师怎么说

儿童在 1 岁左右时便可以有意识地说话，但依然没有脱离牙牙学语的状态。这时儿童已经具有了有意识讲话的智慧，他们可以通过语言来表达自己的某种需求。

研究表明，婴儿在语言发展过程中，其内在的变化远比我们能够用肉眼捕捉到的内容更加丰富。当婴儿能够意识到语言与周围环境事物的关联性时，便会产生一种学习语言的强烈愿望。这时，婴儿体内就会发生一种想要冲破元意识状态达到有意识状态的冲突。

有些成人在与儿童对话时，常常会以与成人对话的方式进行。但是，这样的交流对于儿童来说比较困难，因为语言的贫乏而导致与他人的交流失败，不能通过语言达成目的的状态会让儿童产生失望的感觉。儿童需要不断地学习语言，才能和我们进行正常的交流。

要知道，儿童可以自己进行语法的学习，所以，我们要对儿童语言的发展问题有一个科学的、正确的认知，遵循自然规律并为儿童提供正确的帮助。尤其是在儿童一两岁时，我们与儿童对话时要遵循语法的规则，帮助儿童正确地学习如何组织语言。

——摘自《有吸收力的心灵》

专家解读

孩子在8个月左右时便已经开始牙牙学语，这时家长要对孩子说的话做出积极的反应，并努力去理解孩子想要表达的意思。如果家长在这一时期忽略孩子想要表达的意思，就会在一定程度上压制住他们说话的兴趣。说话是孩子成长到一个阶段时必然出现的现象，那时我们需要顺应他们说话的欲望，给予他们语言表达的空间。

在我们刚开始与孩子对话时，他们会认真地看着我们的口型，在孩子1岁左右时，他们对语言表达会展现出浓厚的兴趣。我们所要做的就是抓住孩子在这一时期的发展特点，对他们进行语言的训练，激发他们的说话兴趣。我们可以通过一些小游戏来吸引孩子对对话的热情，借助一些小道具来引起孩子的兴趣和关注。

游戏配合

游戏名称：宝宝接电话

适用年龄：1~2岁

游戏目的：让孩子对对话产生浓厚的兴趣，为学会正常沟通做好准备。

游戏方式：

Step 1

准备两个玩具电话听筒，一个放在孩子旁边，一个放在自己手边。

Step 2

妈妈在孩子对面坐好，拿起听筒说：“宝宝，在做什么呀？”

Step 3

妈妈说：“丁零零，电话响了，宝宝快来接电话吧。”

Step 4

妈妈把电话拿起来放在孩子耳边，一人分饰两个角色来表演和孩子的对话。

☆家长观察笔记

02 用单个词语展开语言引导

蒙台梭利老师怎么说

儿童的语言发展可以大致分为两个方向，其一是最初的无意识语言学习过程；其二是在此之后的有意识语言学习过程。这两个方向都值得我们关注。当儿童经过这两个语言学习过程后，就会呈现出完整的语言状态。一个 6 岁的儿童便能够展现出出色的语言表达能力，那时他熟悉母语的规则，忘记了在无意识状态下对语言的学习过程，标志着他已经完成了整个语言的学习。

关于语言的机制问题。在生物体通过调整自己来适应外部世界时，一些器官组织会以中枢神经发出的指令开展活动。一些我们肉眼看不到的东西，就在语言机制中发挥着重要作用。而肉眼能够看到的器官，如用来接收语言声音的耳朵，用来发出语言声音的嘴、鼻、喉，这些器官在中枢的生理、心理发展中是分开进行的。

在某种程度上来说，儿童的听觉器官与心理的关系更紧密一些，其中蕴含的某种神秘力量促使儿童无意识地展开对语言的学习和认知。在儿童说话时，各个器官进行复杂的配合运动，我们才能了解到语言运动中枢的情况。但是显然，语言感觉中枢要比语言运动中枢发展得迅速一些，所以也可以说，是儿童在接收语言的过程中逐渐促使着语言运动器官的成长。

在这样的推理之下，儿童并不是生来就能掌握某种语言，而是必须通过与周围人的沟通与互动，在他们的感染下才能学会语言的表达。

作为语言的基本组成部分，单个音符会首先在婴儿的潜意识中形成烙印。虽然婴儿可以逐渐表达出单个音符、音节、单词，但是他们并不能明白那些所代表的意思。不过，在婴儿的体内似乎有一个教师，遵循着儿童语言学习的规律，在最恰当的时机来引导他们逐渐懂得音符、音节、单词的意思。

——摘自《有吸收力的心灵》

专家解读

自孩子开始学习语言，他们的观察能力和理解能力会不断提升。那时，他们自己就能注意到词语中存在的秩序性，即每一种东西都有自己特定的名称，而且它们不是杂乱无章的，是可以被分门别类的。这种语言的秩序不需要被特定教导，他们自己就能感觉到。在孩子能够认识到这一点时，他们会将不同事物进行对比，做出相应的判断。比如，他们会将自己听到的或者看到的事物和他们的大脑已经接受的事物进行名称与事物的匹配，并且将它们进行分类。

虽然这一项语言能力的发展是自然生成的，但是仍旧需要我们对孩子进行相应的训练，来加深和巩固他们的这一发现。在训练时，我们可以选择一些孩子日常生活中常见的东西，或者以一些卡片代替，和孩子一起进行分类的小游戏，加深不同事物在他们心中的印象。

游戏配合

游戏名称：音符配对

适用年龄：1 岁以上

游戏目的：提高孩子的听力、注意力，帮助孩子建立初级语言逻辑和对词语的归纳能力。

游戏方式：

Step 1

准备一些事物的词语卡片或者实物，一般卡片要比实物具有更多的可选择性。准备的内容以同一类事物词语为主，比如，水果类的香蕉、苹果、菠萝、橘子等。再准备一些与水果不同类的词语内容，比如，小狗、板凳、大树等。

Step 2

妈妈将上面的词语读给孩子听，并且要求他在听到不同类的词语时就拍手。

Step 3

在刚开始游戏时，妈妈要放慢语速，等孩子可以适应之后再加快一些。

Step 4

等到孩子熟悉之后，可交换游戏对象，由孩子说词语，妈妈来拍手，借此提高孩子的游戏兴趣。

☆家长观察笔记

03 提升儿童对词语的理解能力

蒙台梭利老师怎么说

一两岁的儿童在学习语言时会遇到一些困境，这种困境主要来自别人无法完全听懂他们的表达。当儿童试图用一两个词语来向我们传达某件事情，而我们却完全听不懂内容，他们的努力表达受到了语言能力的限制时，他们就会感到懊恼，会发脾气。

不过，儿童能够逐渐地学习和掌握语言来进行有效交流，这种发展是势不可挡的。

在儿童 1 岁半左右时，他们便可以注意到每个事物的独特名字，这对他们来说是很大的进步，那时他们便能从与成人的交谈中发现一些新的名词，特别是代表具体事物的名词。之后，儿童就会逐渐学会如何使用这些名词来表达自己的思想。

一些心理学家将儿童刚开始使用的名词命名为“一个词的句子”，他们会将句子进行压缩，甚至会改变词的形态，将两个词组合成一个词来表达他们的意思。

儿童也时常会用一些拟声词来代表某个事物，比如，用“汪汪”表示狗，用“呼呼”表示睡觉或者吹气。我们将这些拟声词称为“儿语”，这是一项值得我们深入研究的话题。

在儿童因为感到无助而苦恼时，常常会通过语言来表达这种苦恼的感受，如果我们能够理解，他们就会觉得自己得到了很大的帮助。所以，成人要与儿童经常进行语言的接触和交流，帮助他们纠正发音，增强语言的规范性。另外，我们要习惯性地去观察儿童，思考他们说的每一个词语，如此才能理解他们的意思，给予他们必要的帮助。

——摘自《有吸收力的心灵》

专家解读

在孩子进入 1 岁半左右时，就会开始将注意力转向各种名词的学习上。这时，家长可以使用身边的各种物品来帮助孩子进行名词学习，并且要详细地介绍每种物品的意义，帮助孩子提升对词语的理解能力。

家庭中的任何事物摆放都是孩子比较熟悉的，我们可以先从教孩子认识家庭中的各种物品入手，如门窗、沙发、冰箱等。并且要告诉他们这些东西的作用，尽管有些词语他们并不一定能够了解，但我们也要提供给他们可以了解的环境，帮助他们积累更多的词语，掌握更多的知识。经过一段时间的训练，孩子便可以准确地发音，也能够掌握这些词语的意义。

游戏配合

游戏名称：我说说，你猜猜

适用年龄：1.5 岁以上

游戏目的：帮助孩子认识身边的物品，练习正确的发音，增加对词语的了解程度。

游戏方式：

Step 1

妈妈指着房间的门，告诉孩子门的读音和门的作用。按照这种方法，将椅子、窗户、冰箱、电视、空调等物品一一告诉孩子。

Step 2

妈妈要不断地重复这些读音，让孩子能够准确记住这些词语的发音和意义。

Step 3

妈妈指着门询问孩子："这是什么呀？"孩子回答正确后要给予鼓励，然后进行下一个物品的询问。

☆家长观察笔记

04 让儿童掌握更多的词语

蒙台梭利老师怎么说

儿童在 3~5 岁时对于语言的学习大多围绕事物的名称，那些在成人看来没有意思的学习内容，儿童学习起来却表现出了浓厚的兴趣。他们会逐渐学会使用语言的名词、动词、形容词等内容，也能够逐渐掌握语言的特殊用法。作为教育工作者，我很敬佩儿童能够在 2 年的时间中学会这么复杂的东西。儿童的潜意识通过这 2 年时间的觉醒，似乎在一夜之间就能爆发出强大的力量。

最开始，儿童只能说出一些简单的音节和词语，之后就会进入一个词语爆发期，那时，儿童能够使用的词汇量将会猛增。在儿童 2 岁以后会进入句子的使用爆发期，能用有序组合的词语来表达自己的思想，我们称这个阶段为儿童的思想爆发期。

我们无法用肉眼观察到儿童为了迎接这个爆发期而做的准备工作，但是我们能够看到儿童为了能够准确地表达自己的思想而做出的努力。

在这一时期，儿童的外在表现会有些易怒、暴躁，这主要是源于成人无法明白儿童表达的意思。但是，在儿童的体内有着巨大的潜能，这种潜能会变成激发儿童发展的路径，只是需要他们付出很多的努力。

此时，环境与儿童自身能力的局限会成为儿童语言学习的障碍。虽然，语言的学习可以帮助儿童尽快地走向独立，但是这个学习的过程并不轻松，同时也会存在一定的风险。因为儿童在学习的过程中会将所有的内容全部吸收，其中也会包括一些有负面影响的内容。所以这个阶段对于儿童的性格塑造至关重要，甚至会对儿童以后的成长造成深远的影响。

——摘自《有吸收力的心灵》

专家解读

在词语学习方面，蒙台梭利最初会采用一些小卡片的方式来加深孩子对词语的记忆。在卡片上画有不同的物品，每张卡片都代表一样东西，如苹果、香蕉、小狗、小猫等。

让孩子学习更多词语的秘密并不在这些卡片上，而是如何让孩子在轻松愉快的氛围下对这些卡片产生浓厚的兴趣。当孩子能够熟练地掌握那些卡片上的词语后，这种方法就很难再满足孩子的需求。所以有时，我们可以逐渐地教给他们一些专业的词语，也可以将他们带到户外去，这样不仅能够提升孩子学习词语的兴趣，也可以扩充孩子的词汇量积累。

游戏配合

游戏名称：神秘的小箱子

适用年龄：2 岁以上

游戏目的：提升孩子学习词语的兴趣，扩充孩子的词汇量，开拓孩子的视野。

游戏方式：

Step 1

在一个箱子里放入一些画有不同事物的卡片，如汽车、飞机、大树等。卡片的内容丰富一些，在孩子掌握之后可以随时添加更多。

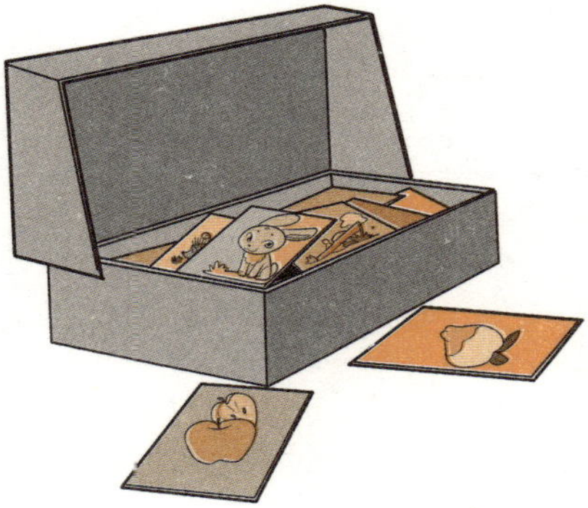

Step 2

让孩子从箱子里抽出一张卡片，告诉妈妈这张卡片上画的是什么。要引导孩子用准确的发音说出，更进一步地，可以让孩子解释这种东西的用途。

☆家长观察笔记

05 为儿童提供标准的语言环境

蒙台梭利老师怎么说

心理学家认为，儿童对于语言的学习并不是逐字逐句的，而是以一种“爆发现象”出现的。这种现象是一种自然的反应，无法依靠教授者的外力促成或创造。

儿童在某一个时期会突然说出很多词语，或许此前的 3 个月时间内，他几乎不曾展露任何语言能力，在 3 个月后便能轻松地说出很多词语。所以，我们对于儿童在语言方面的表现需要保持更多的耐心，要等待他们自己去发展语言能力。在儿童语言能力发展呈现停滞现象时，我们要充满信心地等待一段时间。

儿童的语言爆发现象会持续到 2 岁左右，这一时期的儿童会不停地说话。那时他们已经能够说出复杂的句子，能够使用一些复杂的时态和语态，也能够说出一些长句和分句。这时，儿童已经建立起自己的语言表达机制，对于语言的学习也从无意识状态发展为有意识状态，并且会建立起自己特有的心理特征。

作为人类心理类型的分水岭，2 岁时儿童便能够学会组织语言和发展语言。在此之后，语言的“爆发现象”开始转换成一种比较自然的方式持续进行。

儿童在 2~6 岁可以学会很多词语，他们会主动对自己所使用的句型进行完善。在这个年龄阶段，儿童的语言和词语会不断地丰富起来，所以良好的语言环境起到至关重要的作用。

心理学家发现，儿童在 2 岁半时可以掌握二三百个词语，到了 6 岁时便可以增加到数千个。他们能够掌握这些词语并不是教师教授得来的，而是他们对于语言的自然吸收。

——摘自《有吸收力的心灵》

专家解读

蒙台梭利曾经做过一个实验，来测试孩子们对故事的兴趣。可是，虽然那些故事孩子们从来没有听过，但是在教师讲了几个词语后，孩子们的注意力开始分散了，继续下去之后，孩子们就开始做自己的事情，对故事没有任何兴趣。看上去用故事来为孩子提供标准的语言环境，积累孩子的词汇量并不奏效。

好的故事不仅可以为孩子的语言能力发展提供良好的环境，还能够成为孩子成长的精神食粮。所以，问题的关键不是出自故事本身，而是故事选择的时间并不恰当，才无法达到合适的效果。经过蒙台梭利的观察研究发现，最佳的讲故事时间是在孩子临睡之前。这个时间段讲的故事可以很好地锻炼孩子的语言表达能力，同时也能增进亲子间的感情沟通。

游戏配合

游戏名称：睡前小故事

适用年龄：2 岁以上

游戏目的：提高孩子的语言听力，用标准的语言环境对孩子的口头表达能力产生潜移默化的影响。

游戏方式：

Step 1

准备一个完整的、短小的、能够引起孩子兴趣的故事。

Step 2

让孩子舒适地躺在床上，家长坐在一旁用流畅的声音带有感情地将这个故事讲述给孩子听。讲述时，要注意对语调、音量、情感的控制，要带有演绎色彩，引起孩子的注意。

Step 3

讲完故事后可以和孩子一起讨论故事的内容，鼓励孩子说出自己的感受。

Step 4

同样的一个故事可以重复讲述，在孩子希望换一个新的故事时，我们可以鼓励他复述这个故事的内容给我们听。

☆家长观察笔记

Part 3
儿童语言爆发期的成长

01 塑造儿童的口语表达能力

蒙台梭利老师怎么说

口语作为语言的一部分，是人的一种社会交流的能力。在最开始时，儿童会对人类的口语发音很敏感，妈妈可以通过发音来吸引儿童的注意力。慢慢地，这种注意力就会转移到音节上，那时妈妈可以通过简单的音节和儿童进行互动。最后，儿童会对词语感兴趣，周围任何事物的名称都能成为他们的关注点。

儿童运动神经中枢的发展也遵循着这样的规律。最初儿童只能发出一些简单的声音，随后是音节和代表某些意义的词语。在儿童能够说出第一个词语时，就标志着他的口语表达能力已初具雏形。之后，儿童就可以与成人进行简单的口语交流了。比如，当儿童在看到妈妈时会说“妈妈”，在想要喝水时会说“水”。当儿童说出的词语可以和相对应的物体进行联系时，就代表他的口语进入了发展期。

口语会在此基础上不断发展和完善，同时，运动神经通道也会更加敏感地捕捉语言的发音，这是口语发展的第一阶段。在这个阶段里，感知觉会得到很好的发展，儿童的注意力会转向更广阔的世界，记忆力也会变得十分敏锐，听力感知会直接刺激口语的发展。儿童在这一阶段的语言调节是最关键的，对于他的语言发展、完善、纠正等都会造成影响。

——摘自《蒙台梭利早期教育法》

专家解读

在孩子语言发展的重要阶段，我们能够为他们做的就是塑造他们的口语表达能力。让他们尽可能地去表达自己的想法，完善自己的语言方式。那时，家长可以和他们多说一些短句，通过自己的语言来感染孩子，只有交流才能促进孩子口语表达能力不断地发展。

在家庭环境中，家长不仅要为孩子营造轻松的交流氛围，同时还要起到积极的引导作用。不要认为他们不懂就不和他们交流。家长可以通过各种游戏，来让孩子利用生活中遇到的问题锻炼自己的口语表达能力。在玩游戏时，家长要在孩子不能流畅表达时适时地引导，满足孩子想要表达的欲望。

游戏配合

游戏名称：应该怎么办

适用年龄：2.5 岁以上

游戏目的：锻炼孩子的口语表达能力，拓展孩子的思维能力。

游戏方式：

Step 1

家长和孩子谈论一些日常琐事，比如：“妈妈要出门了，你应该怎么办呢？”“对了，宝宝跟妈妈说再见，妈妈也跟宝宝说再见。”

Step 2

“宝宝，当有陌生人给你东西吃时，你应该怎么办呢？”

Step 3

孩子在讲自己的想法时，家长要认真地听，并且及时地给予表扬和肯定。如果孩子不知道该怎么办，或者说出的答案不正确，家长要耐心地引导。

☆家长观察笔记

02 提升儿童的语言组织能力

蒙台梭利老师怎么说

成人想要完全听懂儿童想要表达的意思还是比较困难的，有时我们不得不从整体上去了解儿童，至少要了解刚刚在他们身上发生的事情，以此来帮助儿童解决他们面临的困境。而我做的就是设法去了解儿童想要表达的意思，努力去充当儿童和成人之间沟通的“翻译”桥梁。

每当我努力地去听儿童说话或者去理解他们时，儿童也总是乐于向我求助，而不是去寻求家长的帮助。从这一点上来看，儿童对于能够理解自己的人会表现出更多的亲近感，这种感受会超越他们的家人对他们的爱护。因为，理解和适当的帮助对于儿童的重要性，就像是一种希望的寄托。

一天早上我醒来时，发现我的床边站着一个男孩。在我询问他需要什么时，他只是回答我：“妮娜，蛋，小虫。”我刚开始以为他是想要什么吃的东西，后来我才突然明白。就在昨天，这个男孩的姐姐妮娜用彩笔画了一幅鸡蛋形状的图形，男孩也想要画一些什么，但是姐姐没有同意。于是，我给了他一些彩笔和一张纸，他高兴地在纸上画起了蛋形的小虫子。在别人都在睡觉时，这个男孩知道我可以满足他的愿望，于是来寻求我的帮助。

通过对儿童说话时所使用的词语进行研究后，我们可以从儿童的感受上发现很多被心理学家忽视掉或者难以发现的一些问题。比如，儿童的耐心和儿童的秩序感。这两个方面激发了我很大的兴趣，那些事例表明，我们对于儿童的理解可以帮助他们避开发展的阻碍。

——摘自《有吸收力的心灵》

专家解读

处于语言爆发期的孩子在掌握一些词语之后，迫切地想要说出整句话的内容，来让别人能够了解自己的想法。只是词语的积累并不代表可以说出整句的内容，因为他们还缺乏语法的认知。而语法的教学对于一个还不会读写的孩子来说并不艰难，我们完全可以让孩子融入语言的环境中，一步一步地慢慢指导，让孩子从最简单的事情开始感受语法和词语的结合，让他们在成人的引导下摸索出整个句子的表达方式。

游戏配合

游戏名称：小小营业员

适用年龄：3 岁以上

游戏目的：提升孩子的语言组织能力，培养孩子的连贯表达能力和语言逻辑能力。

游戏方式：

Step 1

在一张桌子上摆放几个玩具，另外再准备一条围裙。

Step 2

妈妈先系上围裙充当营业员，拿起一个玩具向孩子做简单的介绍："这是一个玩具小狗，有着4条腿和长尾巴，它的耳朵和鼻子很灵敏，看家是它的拿手本领。小朋友你喜欢这个玩具吗？喜欢的话就买下来吧。"

Step 3

之后，可以和孩子进行角色对调，由孩子来充当营业员，妈妈扮演顾客。让孩子模仿妈妈之前说的话，介绍另外一件商品。

Step 4

其间，妈妈可以进行适当的引导，比如，物品的形状和颜色等，争取让孩子完整地将这个物品描述出来。

☆家长观察笔记

03 鼓励儿童的表达欲望

蒙台梭利老师怎么说

儿童在语言爆发期，会通过频繁地使用词语造句，通过锻炼来让自己的思想表达得更合乎语法。对于儿童的自由表达，家长及教师应当给予鼓励，促使他们使用自己的语言机制，从而促进个体的自由发展。

有些孩子的语言爆发期会出现停滞或延后，在语言器官正常发育的前提下却只能掌握低龄儿童使用的基本词语，我们将这一由心理问题引起的情况称为“心理失语症”。

不过，这种语言迟钝的状态可能会突然消失，儿童也会突然地开始频繁说话，能够使用准确、恰当的语法。我们由此发现，儿童对语言使用早有准备，只是在语言发展的过程中遭受到了某种心理的阻碍。

在“儿童之家”中，有些三四岁的孩子在语言方面的表现甚至不如那些牙牙学语的婴儿。这主要是源于这些孩子在学习语言时没有得到应有的支持，反而在将吸收的语言表达出来的过程中遭遇到了阻碍，当我给了他们自由使用语言的环境后，他们也能够逐渐地开始说话。

此外，一些其他因素和心理障碍也会影响儿童的语言表达能力，造成儿童口吃或者发音不准，这种在语言机制形成时期产生的障碍，可能会让孩子在语言学习阶段出现某种形式的倒退现象。比如，在词语形成阶段令儿童发音不准、口吃，在句子形成阶段令儿童对句子结构的组成过程理解缓慢等现象。

这些与儿童内心感觉有关的语言形成的衰退，会对儿童形成各种能力和技能造成影响。究其原因，是成人造成了儿童成长中的阻碍，成为儿童不正常发展的首要因素。

所以，我们要以轻柔、平和的态度来对待儿童，在教育儿童之前，首先要教育自己，要注意克制和约束自己的动作、行为、态度，这一点要比学习那些教育理论更加重要。

儿童对各种形式的感觉都很敏感，家长的表情和态度都可能会对他们造成伤害。一些家长会将儿童交给保姆照料，但家长对保姆冷淡的态度也会影响到孩子，造成他们的胆怯和口吃。

因为大多数儿童不会反抗我们的态度和做法，他们的弱小让他们遇到这些事情时通常选择默默承受。如果他们在此时选择用发怒来表现自己的不满，可能会更好一些。因为发怒代表着他们对自己的一种保护，这一点对于他们日后的发展是有好处的。如果儿童没有用正常的反应来表示回应，那么他们就可能会受到内在的严重创伤。

——摘自《有吸收力的心灵》

专家解读

在对待儿童的表达欲望时，家长要尽可能多地给予他们一些鼓励，促进儿童“语言爆发期”的成长，避免因语言的压抑而造成心理失语症。在激励孩子表达欲望时，我们要以温和的态度，不要刺激到他们敏感的心理，避免对他们造成伤害。

鼓励儿童的表达欲望其实并不困难，只需给予他们一个可以自由发挥的话题和空间，然后引导着他们将心中的想法和安排说出来。家长和教师给予他们鼓励，让他们充分地表达，不压抑他们的想法和情绪就可以了。

游戏配合

游戏名称：看图说故事

适用年龄：3 岁以上

游戏目的：充分发挥孩子的想象力，让孩子的表达欲望得到释放。

游戏方式：

Step 1

准备一组完整的故事图片，可以是一幅四格彩色漫画。

Step 2

和孩子一起看每张图片上的内容，帮助孩子做内容上的分析：“你看这些图片上都有什么呀？大家都在做什么呢？”

Step 3

然后引导孩子将这些图片串联成一个小故事，妈妈可以在孩子讲完故事之后，将这个故事记录下来，以此来鼓励孩子去表达。

☆家长观察笔记

04 完善儿童的表达方式

蒙台梭利老师怎么说

在我的教育法中有一条教育原则，即“间接准备”。大自然在生命成长方面具有自己的工作原则，会根据个体需求来创造某些器官以满足工作需求。儿童会对这些器官的功用进行进一步的完善，比如在语言方面，儿童的语言学习过程完全符合我们语法书的编排。儿童先学习发声、音节，再到学习名词、动词、形容词、副词、介词、连词等不同的词语。

根据这种语言学习的顺序，我们为儿童提供了语言学习方面的帮助。在学习过程中，我们可以去教导儿童学习语法，但是又该如何去引导不会读写的儿童进行语法的学习呢？我认真思考过这一问题后发现，有意义的语言的基础是语法，无论是成人还是儿童，所说的话都需要合乎语法的逻辑。

4 岁的儿童会尽力地完善自己的语言机制，逐步扩大自己的词汇量，在此时如果我们能够给予他们一些语法上的帮助，对于他们学习语言会起到帮助。事实上，语法足以引起这一时期的儿童的兴趣，他们愿意有意识地去完善自己的语言表达能力。这时，儿童对于词语敏感的特殊感知能力就会产生作用，帮助他们学会和积累很多新的词语。

这个阶段儿童的词汇量的发展是十分迅速的，儿童对于词语的学习欲望非常强烈，如果成人没有做好这一时期的帮助工作，就会让儿童在词语积累方面十分吃力。所以，我们要根据儿童的需要，对他们进行词语的系统教导。

3~6 岁是儿童学习语言的最佳时期，这时学习到的词语会让他们终身受益。在这一年龄阶段，儿童对于词语的学习有着强烈的愿望，到了下一个时期，儿童学习的热情就会逐渐减退，因为那时儿童有了其他的能力，对于词语的学习就会变得有些困难。

——摘自《有吸收力的心灵》

专家解读

随着孩子词汇量的积累，他们的语言表达的欲望也会更加强烈。这时，他们需要我们的鼓励和关注，需要一个能够让他们尽情表达的空间。我们不仅可以通过家庭故事会的方式来满足孩子的表达欲望，完善孩子的表达方式，提高孩子的表达能力，也可以和孩子一起分别扮演故事中的角色，来增加孩子对故事的表达深度。

游戏配合

游戏名称：家庭故事会

适用年龄：4 岁以上

游戏目的：完善孩子的表达方式，提高孩子的表达能力，锻炼孩子当众讲述的能力。

游戏方式：

Step 1

每个人准备一个小故事，并保证可以流畅地将故事完整地讲述出来。

Step 2

先由爸爸做示范："我来给大家讲一个有趣的故事，故事的名字叫作……"讲完故事之后，向大家鞠躬致谢，其他人为爸爸鼓掌。

Step 3

让孩子讲述他准备的小故事，此时，孩子会尽力地模仿爸爸的做法。在孩子讲故事时，家长要耐心倾听，等孩子讲完之后，要鼓掌以示鼓励。

☆家长观察笔记

Part 4
顺应儿童的书写欲望

01 让儿童学会使用书写工具

蒙台梭利老师怎么说

书写练习包含着两方面的内容，即思维和生理。思维指的是对字母等符号系统的使用，生理指的是手部动作的练习。这两部分结合产生书写的全部过程。在练习时，我们也可以将这两方面分开进行练习。

书写是对书写工具的控制和对字母符号的使用的结合，在练习时我们会分开进行。我们经过了 5 年时间的观察准备，做了一套适合儿童练习的教具。这套教具由练习教具、彩笔和图画册组成。练习教具主要是两块刻有浅槽的木板，在木板上有一些带有颜色的方形金属框架，每个框架内都有一些蓝色的几何图形。而在那本图画册中，根据孩子对于书写工具的使用程度，有不同的图画等级。

在儿童进行练习时，我们会将浅槽板放在桌子上，然后给儿童一张白纸，并且让他们从十多个几何图形的金属插片中挑选出一个。之后，我们会引导着儿童开始按照程序进行练习。将几何图形的金属插片放在纸上，一只手压紧，另一只手拿着彩笔沿着几何图形的内缘按照轮廓开始描画。

儿童曾经做过类似的练习，但之前只是让他们触摸几何图形，这次则是用彩笔描画轮廓。在这种描画的练习中，儿童的手得到了进一步锻炼，他们会感受到自己的手掌握彩笔的运动轨迹。这种简单的练习对他们来说很有趣，他们在画完一个轮廓后会拿起另外一个金属插片，换另外一种颜色的彩笔再描绘下一个几何图形。

这些练习内容十分重要，如果教师没有将金属插片全部展示给儿童，而是直接分发让他们描画，会令练习成果大打折扣。如果将所有的插片都摆在儿童面前，他们就会产生将所有插片描绘出来的想法。

这种初步的书写训练很有趣味性，会促使儿童不断地重复练习。当他们使用某一种颜色的彩笔画出一个轮廓时，会用另外一种颜色的彩笔在轮廓中点点画画，直到把整个图形用色彩填满。

刚开始时，儿童会显得有些笨拙，他们时常无法顾及图案的轮廓，常常会画出轻重不一的线条，或者无法按照图案的轮廓进行描画。但是，儿童的描画技巧会不断地提高，他们通过不断地练习便能熟练掌握。这种练习对于他们来说很有趣，并不会让他们感到厌倦，相反还会有一种一定要进行下去的冲动。最终，儿童描画出的作品数量会相当可观。

这种练习的目的，是让儿童可以熟练操控手中的彩笔，掌握对书写动作的组织。而一般的书写教学比较死板，会让他们失去练习书写的动力。

——摘自《蒙台梭利儿童教育手册》

专家解读

在孩子的书写欲望开始萌发时，临摹会引起他们很大的兴趣。但是那时他们对于书写工具的掌握还不够熟练，对于一些复杂的文字或者图形都没有办法完全掌握。这时，我们需要先训练孩子对书写工具的掌握，不要急于让孩子直接去练习书写，在他们手指的灵活度足够时，他们自然就可以具备书写能力了。

游戏配合

游戏名称：画个方块吧

适用年龄：2.5~4 岁

游戏目的：让孩子学会如何控制书写工具，为下一步的书写打下基础。

游戏方式：

Step 1

准备几个不同的几何图形画框和一些不同颜色的彩笔。

Step 2

让孩子从中选择一个或者多个图形，在纸上沿着画框的轮廓进行描绘。

Step 3

让孩子选择不同颜色的彩笔，再次描摹这个画框。引导孩子去发现，两个不同颜色的画框形状是一致的。

Step 4

将其他的几何图形画框全部描绘出来，锻炼孩子对不同几何图形的掌握能力。

☆家长观察笔记

02 从图画的练习开始

蒙台梭利老师怎么说

描画图形轮廓只是初步的书写前准备练习，之后我们还为儿童设计了填画册的练习。在练习时，我们会要求儿童将画册中排列好的图案一张张撕下来，然后选择自己喜欢的颜色对图案进行填充。儿童在图画练习时，并不会受到任何的限制。他们可以自由地选择自己喜欢的颜色，可以用其他颜色的彩笔将已经描画过的图案再次描画一遍，变成他们想象中的另外一种颜色。

在这样的色彩填充练习中，儿童的手不再仅限于画直线和竖线，还可以自由地进行填充选择，这对儿童来说要比简单地画一些线条更能引起他们的兴趣。等到儿童能够画满一整张纸时，你会在上面看到正方形、三角形、椭圆形、梯形等各种被填充上红色、蓝色、绿色、黄色、粉色等不同颜色的图形。

逐渐地，儿童不管是画一些轮廓或者是填充某种颜色，都会尽量使用和真实物体一致的颜色，就好像是在复制某种物体的轮廓和形状。有些儿童的画作上也会显露出，他们对物体的观察比其他孩子更加深入和细致。比如，一些儿童会在几何图形的中心画一个橘色的小环，代表着金属插片上那个被用来拿捏的黄色铜纽扣。

儿童对这个过程十分享受，在练习中，他们会热情地选择各种不同的颜色，将它们搭配起来去描画图案。色彩的感知对于儿童的成长发育起着重要作用，它可以让儿童的书写更加大胆、坚定，能够锻炼他们的审美，促进优雅字体的练成。

当儿童的小手得到了锻炼，能够适应这些动作时，他们就可以开始准备书写各种大小的字体了。一段时间后我们会发现，儿童无论是在黑板的宽格中还是在练习本上的小格子里，都能够写出优雅的字体。

——摘自《蒙台梭利儿童教育手册》

专家解读

流畅的书写离不开正确的握笔姿势和对于线条的掌握。在训练孩子时，蒙台梭利采用的是一种“颜色填充”的游戏。在孩子能够顺利地临摹几何图形之后，下一步我们就会要求孩子将几何图形填涂上颜色。

虽然很多孩子在画了几何图形之后都会随意地在画框内填涂一些颜色，但是大多数时候那些填充都是不完满的，无法达到练习的目的。此时，我们应当给予孩子一些鼓励和引导，让他们用自己喜欢的颜色将图形填满。刚开始时，孩子无法顺利地掌控彩笔，但是随着练习次数的增多，他们的手部动作也会更加精细和标准。

游戏配合

游戏名称：色彩填充

适用年龄：2.5~4 岁

游戏目的：让孩子掌握正确的握笔姿势，培养孩子对书写工具的掌控力度。

游戏方式：

Step 1

准备一些空白的图画纸和一些不同颜色的彩笔。

Step 2

家长引导孩子对之前画的几何图形进行色彩填充。家长可以先示范握笔姿势，告诉孩子正确的填涂方法。

Step 3

示范完成后，让孩子先选择彩笔，然后引导孩子为这些图形填色。在孩子握笔姿势不正确时，家长要及时纠正。在孩子将色彩填涂出框外时，要给予孩子及时的纠正。

☆家长观察笔记

03 激发手指的肌肉记忆力

蒙台梭利老师怎么说

最初是为了对儿童书写字母的引导，我做了一些硬纸板的字母模型，上面贴了一些砂纸，目的是让儿童通过对字母的触摸来感受形状，然后顺着字形书写。这些字母都是书写体，可以让儿童的手顺着字母感受书写的自然曲线。如果儿童进行过几何图形的练习，便能很好地掌握触摸字母的练习，否则，就无法精确地描绘出那些字母的曲线。

砂纸的选择有利于儿童对错误触摸起到提示作用，当儿童的手指偏离了字母的笔画，就会触摸到光滑的纸片。我将这些字母放在了一起，希望他们能够通过对字母形状的差异来尽快掌握字形。这种设计，可以将儿童的主动性发挥到最大。

在儿童触摸砂纸字母时，我们也可以同时给他们读出字母的发音，将前面的教学方法结合起来，以便让儿童更加准确地认识不同字母的读音和写法。运用这种触摸教学，可以让儿童掌握字母符号的直观形象和书写时的基本工作。

这个教学过程在成人看来没有什么特别之处，但是儿童表现出了很大的热情。有一次，一个小男孩一边行走一边重复着某个单词的拼写方式，从他重复了很多遍的表现可以看出，他在不断地分析和研究着这个单词，寻找着字母组成的发音特点。儿童会为他们发现的每一个组词规律而感到兴奋。

我们可以从儿童书面语言和口头语言的共同发展看出他们书写能力的不断进步的过程。因为儿童的书面语言来自对口头语言的提炼，在这个过程中，词语与句子逐渐汇集，书面语言和口头语言不断融合，他们的书写能力也会不断获得发展和提高。

对于儿童来说，口语和书写同样都是他们用来表达自己意愿的交流方式。书写的能力建立在文字的发展基础之上，所以我们需要让儿童懂得如何正确地书写，这就需要让他们临摹、掌握文字符号。

儿童的感觉记忆是最敏感的，尤其是肌肉感觉的记忆。对儿童来说，通过感觉来进行学习，要比单纯地通过视觉观察更加有效。

——摘自《童年的秘密》

专家解读

蒙台梭利在罗马的一所心理咨询学校任教时，曾经尝试过很多的方法来教导孩子进行读写方面的训练。最后她发现，给那些渴望书写的孩子制作一些砂纸字母，可以让他们通过对字母形状的感知，加强书写的速度，降低写字的困难程度。

通过对砂纸字母的触摸，可以激发孩子手指的肌肉记忆能力。而砂纸的触感也会让孩子对于字母的感受不仅限于视觉，而是通过对孩子手指肌肉的刺激来达到记住字母轨迹的目的，让孩子可以认识到不同字母的意义。家长可以让孩子从拼音的字母开始学起，也可以从简单的汉字开始练习，借此来达到增进孩子书写练习的目的。

游戏配合

游戏名称：触摸砂纸字母

适用年龄：3 岁以上

游戏目的：通过对孩子手指肌肉的刺激，来增进他们对字母的记忆力，达到认识并牢记不同字母的目的。

游戏方式：

Step 1

准备一套砂纸字母板教具，可以购买，也可以自己亲手制作。

Step 2

将砂纸字母板放在桌子上，引导孩子用食指和中指轻轻触摸砂纸字母板。

Step 3

在孩子按照示范动作触摸时，家长可以同时轻声读出这个字母的发音，帮助孩子加深对这个字母的印象。

☆家长观察笔记

04 顺应儿童的书写欲望

蒙台梭利老师怎么说

儿童在自然规律的影响下，会设法从周围的环境中吸取一些经验。这不仅是为了通过手来进行某一种实践活动，而是为了获取更多的知识经验。在“儿童之家”这样的环境中，儿童的表现常常出乎我的意料，他们对于知识的渴求变得更加强烈。

这些表现主要集中在儿童的“书写爆发期”之后，“书写爆发”是儿童某种成就感的表征，是他们内在个性爆发的体现。我们为儿童提供了他们能够使用的小物体，来方便他们使用和工作。他们对这些小物体的积极反应让我感到十分惊讶。

我们必须为儿童的生命成长提供有利的条件，促进他们的发展道路能够平顺进行，鼓励他们自由地选择行为方式。

我们普遍认为，儿童获得文化的年龄比实际要晚，但儿童在很早之前便可以通过某些运动或者活动来获取文化知识。儿童在 3~6 岁这一年龄阶段的接受能力是惊人的，他们对于那些自己熟悉的、通过吸收得到的东西十分有兴趣，可以轻易地将注意力放在那些事物上面。

比如，儿童的“书写爆发期”与他们对语言的特殊敏感性有关。在儿童学会说话之前，语言敏感性就起到了很重要的作用。但是到了五六岁左右，儿童的这种语言敏感性就会消失。也就是说，想要让儿童对书写更有兴趣，更加热情，就要让儿童在五六岁之前学习书写，超过这一年龄阶段，儿童在书写上就要付出更多有意识的努力。

根据我们的经验，儿童之前所经历的阶段会对他的书写能力造成影响。这种影响主要来源于一些准备性练习，主要是对于手的感觉区分能力的练习。

——摘自《有吸收力的心灵》

专家解读

孩子会为了自己能够写字而感到高兴，一旦他们发现自己可以书写之后，书写欲望就会变得十分强烈。那时，我们可以在很多地方发现他们写的字，如墙面、地板、桌子，有时甚至连衣服上都充满孩子书写的印记。

这时，一味地斥责只会压制他们的书写欲望，正确的方式应当是引导。为了满足孩子的书写欲望，我们可以给孩子准备一个书写本，让孩子尽情地在上面发挥自己的书写欲望。孩子会爱上这个书写本，那是他们专属的书写领域，哪怕是在睡觉时，都有可能不舍得撒手。

游戏配合

游戏名称：小小书写本

适用年龄：3 岁以上

游戏目的：满足孩子的书写欲望，让孩子尽情地在书写中体验快乐。

游戏方式：

Step 1

准备一支铅笔和一个孩子喜欢的书写本。

Step 2

将书写本和铅笔送给孩子，鼓励他们尽情地书写。

Step 3

当孩子将书写本写满后，可以和孩子一起将这个书写本收藏起来。

Step 4

也可以给孩子准备一些纸张，等纸张集够一定数量，和孩子一起将那些纸张装订成册，记录孩子的书写成长过程。

☆家长观察笔记

Part 5
儿童口语和书写的共同发展

01 让儿童掌握文字符号的秘密

蒙台梭利老师怎么说

当儿童在 4 岁左右时，就已经能够使用数量不多的词语来表达内心的想法。这些词语就像是一个向导，让儿童认识到自己所在的世界。在这个过程中，儿童就像是被客观世界和周围的人围绕着，他们不断地在语言的刺激下成长着，成为一个个在未知世界中的探索者。

那时，儿童的意识和手都为书写做好了准备。当他掌握一定的词汇量之后，明确了主观世界中对自己的认知，对知识的语言表达也有了一定基础，就会想要用书写和计算的方式来进一步巩固自己的收获。所以也可以说，孩子对于词语的掌握和书写的学习，是和知识的增补与巩固同一时间进行的。

这时，之前的感官系统训练就会成为儿童为写作而准备的生理基础，他们所做的每一项练习都是为了促进身体和思维的协调性。经过长期的准备之后，他们会迫不及待地想要学会书写的方法。

——摘自《蒙台梭利儿童教育手册》

专家解读

孩子总是会迫切地想要成长，想要去探索未知的世界。当孩子掌握了很多词语也知道如何进行初步的书写后，就需要我们对他们的规范用语和书写进行引导。只有当他们知道文字符号的秘密之后，才能准确地掌握那些信息。

大多数时候我们会采用一些儿歌等形式，来向孩子传达文字符号的秘密，如《数字歌》《写字歌》等。因为太长和太复杂的情景很难让孩子短时间记住，只有那些短小和有故事情节的儿歌才是最合适的，而且更朗朗上口。从这一点上分析，儿歌对于孩子的口语和识字方面的发展是有益的。

游戏配合

游戏名称：数字歌

适用年龄：3~4 岁

游戏目的：培养孩子对文字符号的兴趣，锻炼孩子对语言信息的接收能力、理解能力和记忆力。丰富孩子的词汇量，促使语言和书写的共同进步。

游戏方式：

Step 1

准备一首儿歌，如《数字歌》：“1 像

树枝细又长，2像小鸭水上漂，3像一只小耳朵，4像小旗迎风飘，5像衣钩墙上挂，6像豆芽开心笑，7像镰刀割小麦，8像两个小圈圈，9像蝌蚪小尾巴，0像鸡蛋做蛋糕。”

Step 2

用清晰、温和的语调读给孩子听，当孩子听清楚并弄懂句子所代表的内容后，逐字逐句地教给孩子，并和孩子一起背诵儿歌。

Step 3

之后将《数字歌》的内容写于纸上，引导孩子按照《数字歌》的内容，将0~9的数字写出来。

☆家长观察笔记

02 接受从图画到文字的转变

蒙台梭利老师怎么说

我们并不是在学会了语法之后才懂得如何说话，所以，在教导一个儿童书写时，并不一定要先让他明白什么是线条的抽象问题，以及几何图形之间的区别。

在儿童学会写字之前，我们也没必要让他们先明白组成字母的各种笔画。事实上，我认为儿童在学习写字时付出的必要努力，不过是为了掌握写字的技巧，这与写字本身无关，只是与写字的教学方法有关。

人们长久以来的写字观念都认为，学写字要从画竖线和横线的笔画开始，而我们应该对写字进行哲学的分析，将写字建立在人类学的基础之上。我在对儿童进行实验教学时发现，儿童对于预备性动作的重复练习可以成为复杂性工作的前期准备。当预备性动作变成儿童的一种动作机制，儿童就可以顺利地进入真正的工作中去，顺利地完成他们以前不能完成的工作。

于是，我现在教儿童用手指触摸字母表上字母的形状。在字母表中的每个字母的一旁都有一幅配图，配图上标注有以这个字母为开头的物体名称。配图上的大写的手写体字母，旁边是相同的小写印刷体字母。这些配图的作用是帮助儿童牢记字母的发音，而小写的印刷体字母和大写的手写体字母联系起来的作用是为了促进儿童对书籍的阅读，接受从图画到文字的转变。

我在这个实验中会让儿童反复地去触摸那些流畅的手写体字母，还会以各种不同的方式来增进这种练习。结果，儿童不用通过写字练习就能够掌握各种书写字母符号的形状和书写时所需要的动作。

——摘自《蒙台梭利科学教育法》

专家解读

书写的内容不可能永远停留在字母的书写上，还要让孩子进一步地练习整个汉字的书写。为了能够让孩子接受汉字书写，我们可以从一些简单的汉字入手，比如人、口、木、山、田、石等，将孩子对书写的理解从图画逐渐引导到汉字上去。经过这样的训练，孩子在拿笔书写时，头脑中就会有相应的汉字。

在家长对孩子进行教导时，可以一边引导孩子书写，一边用规范的读音读出来，借此来达到让孩子的口语、书写、识字三方面一齐发展的目的。这样可以激发孩子的书写潜能，帮助孩子树立规范的读音，让孩子喜欢上书写和识字，并且不断地提高和完善自身的写作潜能，让书写变得更加顺畅。

游戏配合

游戏名称：看图写字

适用年龄：4 岁以上

游戏目的：促进孩子书写时从图画到文字的阅读转变，开发孩子的书写潜能，培养孩子规范的口语读音。

游戏方式：

Step 1

准备一些带有图案、汉字和拼音的卡片，比如，一些简单的汉字的卡片。

Step 2

妈妈用活泼有趣的语言，标准的读音，引导孩子去读写卡片上的字。

☆家长观察笔记

03 让口语和书写共同发展

蒙台梭利老师怎么说

有些儿童可以熟练地使用写字工具按照形状来临摹出字母，但是还无法掌握这些字母的读音，于是我会让他们像写字一样去触摸那些字母，并且告诉他们每个字母的读音。如果只是让儿童写出字母，他们可能会在说时出错。然而让他们通过触摸来感受，他们却能准确地说出字母。

像写字一样去触摸那些字母，是为写字做准备的手指肌肉练习。我曾经用这种方法教过一个小女孩。那时她还没有认全所有的字母，有些甚至不知道如何去读，但是却已经可以熟练地使用笔来书写所有的字母。她写出来的字母十分整齐，可以看出她在手工方面的出色表现。这个小女孩正是使用这种看、认、临摹字母的方式来学会如何书写。那时，她的表现说明她已经为读写做好了准备。

一边看着字母一边触摸，感官的配合可以让儿童更快地在脑海中形成固定图像。随后，我们将看变成读，将描摹变成书写。个体之间的差异会让有些儿童先学会读，有些先学会写。由此，我创立了基础的读写教学法，让儿童的口语和书写共同发展。

有的儿童一个字母都不认识，但是他们却可以用笔写出来。这是因为手指肌肉的感觉在幼年时期最容易发展，所以写字对于儿童来说并不是很有难度。而阅读却不是这样，口语需要更长时间的指导和更高级的智力发展。

为了能够让儿童理解他们写出来的东西，我需要向他们解释字母符号和语音调节的音调，让他们获得智力的发展。然而，儿童更乐于在写字时，根据口授的方式将声音用手机械化地转为符号。所以，幼儿时期的写字能力很容易获得发展。

——摘自《蒙台梭利科学教育法》

专家解读

口语和书写是可以同一时间进行教导的，我们可以利用同样的一组卡片，来同时提高孩子的口语水平和写作能力。在训练时，家长可以先和孩子一起看着卡片识读汉字，之后将卡片遮盖住，家长用标准的读音读出某个汉字，让孩子凭着记忆去书写这个汉字。这种方式可以加深孩子对字音和字形的记忆。

游戏配合

游戏名称：我说你写

适用年龄：4 岁以上

游戏目的：增强孩子对字音和字形的认知，加深汉字在孩子脑海中的印象，巩固孩子对于汉字的手指肌肉记忆力。

游戏方式：

Step 1

准备一些带有字音和字形的汉字卡片。

Step 2

家长先用标准的读音读出这个汉字，然后让孩子跟着一起读。

Step 3

将卡片翻转遮住字面，家长读出这个汉字的读音，让孩子写出来。

Step 4

在孩子能够熟练写出汉字之后，可以适当地增加难度，将卡片的数量从 1 张提升为 3 张、5 张，混合着为孩子听写。

☆家长观察笔记

04 提高儿童手脑的协调性

蒙台梭利老师怎么说

手的灵巧性的发展和智力的发展是同步进行的，精细的手工劳作需要关注和指导。人的环境发生的变化主要归功于手的劳作，也可以说，智力的目的就是双手的工作。如果人们只用口语进行交流，只用词语来表达人们的智慧，就很难看到前人留下的那些光辉印记。正是由于智力和双手的结合，才让文明能够被创造出来。

手和心理生活有关，所以对儿童心理发展的研究需要和手的运动紧密相连。研究儿童的手的发展，可以显示出儿童的心理水平。我们可以这样解答：没有手的参与，儿童的智力水平可以达到一定的高度，但如果有手的参与，儿童的智力水平将会达到更高。对手的功能开发得更多的儿童，性格也会更加坚强。

——摘自《蒙台梭利文集：儿童的心智教育与和平》

专家解读

书写不仅仅需要手的灵活性，同时也需要大脑的配合。所以，我们在训练孩子进行书写时，也要注意对他们手脑协调性的增强。通过一些手工的小游戏，就可以达到提高手脑协调性的目的，同时也能让孩子感受到亲手制作教具的快乐。

孩子对于手工的熟练程度比较低，所以家长需要选择一个充裕的时间进行。玩游戏时，家长要积极地参与到和孩子的手工互动中，达到寓教于乐、加强亲子感情沟通的目的。

游戏配合

游戏名称：小小手工匠

适用年龄：4 岁以上

游戏目的：锻炼孩子手脑协调性的能力，增强孩子对字符的记忆力，提高孩子的书写能力。

游戏方式：

Step 1

准备一些硬纸板、细沙子、胶水、毛笔。将准备好的物品放在桌子上，妈妈在一旁指导孩子，和孩子一起制作砂纸板字母。

Step 2

首先，在硬纸板上写下粗体的数字，然后用毛笔将胶水均匀地涂抹在数字上。

Step 3

其次，取适量的沙子，撒在涂抹了胶水的数字表面。

Step 4

最后，等待胶水变干之后，将多余的沙子清除，砂纸板字母就做好了。

☆家长观察笔记

Part 6
从书写到阅读的自然成长

01 创造良好的阅读环境

蒙台梭利老师怎么说

儿童对新词语的学习不能是机械式的教化，家长和教师应当将词语学习与儿童的实际生活进行有机结合，融入他们的生活和实践活动中。比如，我们在教儿童植物类的词语时，向他们展示花朵和树叶的样子。实物和图片的结合呈现会加深儿童对词语的记忆力，降低他们学习的困难程度，所以，我建议用这种方式来教导儿童对词语的学习。

儿童具有丰富的想象力，他们的感觉类型并不仅限于直观感受。他们会在内心中勾画自己没有亲眼见到的事物形象，需要的是一种比较有序的特殊心理能力。3~6 岁的儿童不仅能够理解事物之间的关系，还能够用想象力来弥补眼睛看不到的事物。

通过对图片的观察，可以让儿童有一个更直观的形象感受，这不同于从谈话或者词语中了解的概念。那种生硬的概念容易让儿童忘记，而那种带有想象力的填充才会让思想永不疲倦。

儿童想要将自己曾经看到过的东西在头脑里形象化，需要经历一个困难的阶段，之后才能达成词语和事物的联系。

——摘自《有吸收力的心灵》

专家解读

孩子在学会书写之后，兴趣点会更多地转向阅读方面。在“儿童之家”中挂着一本日历，孩子总是会围在日历前面，七嘴八舌地读上面的月份和星期。从这里我们可以看出，阅读环境对孩子的阅读能力发展有着重大的影响。

为了培养孩子的阅读能力，我们可以为孩子创造出一些适合阅读的环境，比如，买一些带有文字和图片的挂图贴在墙上，从环境上塑造孩子热爱阅读的习惯，培养孩子阅读方面的兴趣。另外，挂历也是一种很好的阅读资源，家长可以将挂历挂在孩子方便观看的地方，吸引孩子去阅读。家长也可以将想要教导孩子学习的文字写在纸上，贴在挂历上，做成一本适合孩子阅读的手工挂历。

游戏配合

游戏名称：挂图阅读

适用年龄：3~6 岁

游戏目的：营造良好的阅读环境，加深孩子对文字的印象，激发孩子的阅读兴趣。

游戏方式：

Step 1

准备几张印有文字和图片的挂图，挂在孩子触手可及的地方。

Step 2

和孩子一起阅读挂图上的文字，告诉孩子阅读挂图的方法，等孩子熟悉之后他们就可以自行阅读。

Step 3

当孩子熟悉了一张挂图之后，家长可以用白纸将挂图的图案或者文字部分遮起来，让孩子发挥自己的想象力去绘图，激发孩子的记忆力去填充文字。这样，就可以让孩子的口语、书写、阅读能力同时得到锻炼。

☆家长观察笔记

02 锻炼儿童阅读的意识

蒙台梭利老师怎么说

在儿童学会了拼写和书写之后，就会自然而然地向着下一个能力和目标发展，进入阅读阶段。书写和阅读这两种活动不是同时进行的，所以我们将它们区分开来对待。很多人认为儿童对于阅读的掌握是在书写之前的，但是我们“儿童之家”的儿童却恰恰相反。

我认为，书写是在阅读之前的。儿童可以自己检查拼写出来的单词是否正确并不算是阅读，这不过是字母符号对声音的转化。而阅读是可以将书写的字母符号解释出来，是一种能够理解和接收他人传递过来的消息的能力。所以，只有在儿童能够认出词语和词语的含义时，才算是真正的阅读。

我们对儿童进行的书写教学是为了给阅读打基础，让阅读这种纯智力型的工作在儿童那里降低难度。书写的练习可以让儿童了解构成单词的字母组合的发音，当儿童知道该如何拼写单词时，也就能准确了解这种发音了。

我们并没有采取一些启蒙读物对初学阅读的儿童进行训练和引导，而是选用了一些小卡片来引导他们进行阅读练习。我们在这些卡片上用清晰而且大的字体写有一些单词，这些单词代表某种真实存在的物体，而且这些物体都是儿童比较熟悉的。可能这些单词他们已经说过很多遍，但是写在卡片上进行阅读，却可以让这些词语给予孩子最直观的感受。

练习时，我们会借助一些玩具或者其他实物来增加阅读的趣味性，这些东西主要来自“儿童之家”里的玩具或者是周边的常用物体。我们会先教儿童阅读物体的名称，对这些名称并不限制难易程度，因为儿童已经能够独立地拼读每个单词。之后，我们会引导儿童用缓慢的语速清晰地读出这个单词，然后会让他们将这个单词的卡片放在相应的物品上。

这个游戏对于阅读练习是很有帮助的，我们有时还会将很多卡片放在一个篮子里，让儿童轮流来篮子前抽取卡片，如果他们能够准确地读出卡片上的玩具名称，他们就可以从另外一个篮子里取出玩具玩一会儿。

当所有的儿童轮流读一遍之后，我们会让那个最先拿到玩具的儿童再从其他的篮子里抽取一张卡片，这张卡片并不是新的玩具，而是那些没有阅读出来卡片的儿童的名字。我们会让他阅读出来，然后将自己的玩具和对方分享。

这个游戏很受他们的欢迎，哪怕只是玩一小会儿玩具，他们也会感到十分满足。

——摘自《蒙台梭利儿童教育手册》

专家解读

在训练孩子的阅读时，可以先从单个词语开始，以孩子时常能够接触到的东西作为参照物。这样，可以让孩子在不知道如何读出词语时，给他们一些暗示。请注意，是暗示，不是提示。暗示他们去看向某个方向的某个物品和提示他们这个词语的意思让他们去猜，是两种不同的方式。但是我们更建议采用暗示的方法，让孩子自己去寻找这个词语的目标，锻炼孩子的阅读意识。

游戏配合

游戏名称：玩具卡片

适用年龄：5 岁以上

游戏目的：培养孩子的阅读意识，增强孩子在阅读时的秩序感。

游戏方式：

Step 1

准备一些孩子经常能够接触到的东西，可以先从玩具一类的东西开始。准备一个大盒子，在盒子里放上写有家长准备的那些玩具的名称。

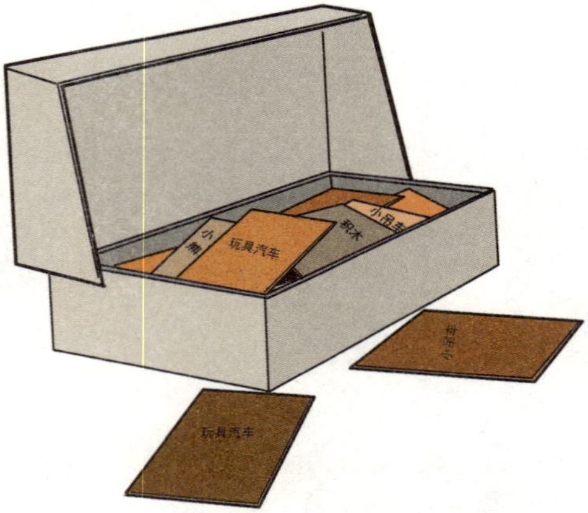

Step 2

让孩子从盒子中抽取一张卡片，坐在一旁默默地阅读。

Step 3

当孩子再将卡片交还给家长时，必须清楚地读出上面的内容。

Step 4

在孩子读出内容后，可以将玩具交给他玩一会儿，接着再进行下一张卡片的阅读。

☆家长观察笔记

03 扩大儿童阅读的范围

蒙台梭利老师怎么说

我们发现，已经学会单词含义的儿童对于读卡片玩玩具的游戏会逐渐有些抗拒，主要是因为他们认为玩玩具是对时间的浪费，他们更愿意仅仅是抽出卡片进行阅读，阅读的快乐感受是玩具无法带给他们的。

于是，为了满足儿童对阅读的渴望，我们换掉了所有标注玩具的卡片，重新做了近百张单词的卡片。这些新卡片中包含儿童的名字、物体的名称、城市的名称等很多内容。

在之前，儿童是通过感觉练习来增加对单词的记忆，这时我们开始尝试用印刷体的单词对儿童进行阅读训练。我们在一些手写字体的下面，增加上这个单词的印刷体，儿童的阅读狂热感让他们战胜了这些困难。他们不仅能够阅读手写的单词，也能够阅读印刷体，甚至是哥特体的文字。

有些父母认为和儿童一起出游是一件很麻烦的事情，因为他们总是会突然停下，去阅读那些商店上的招牌。显然，儿童的兴趣点在于那些招牌上各式各样的书写方式，他们想要通过自己对单词的理解来进行阅读。这个下意识的锻炼过程，让儿童能够通过不同的字体来了解单词的共同含义，也正是因为这种行为，代表着他们对这个单词的彻底掌握。

儿童在阅读方面也出现了像是“语言爆发期”“书写爆发期”一样的“阅读爆发期”现象。他们会寻找一切的阅读机会，比如，他们会去读商品上的标签、商店的名称、包裹上的地址等。我们可以给儿童提供足够多的观察素材，不要一味地去扼杀儿童的观察兴趣，不然可能会对儿童产生消极的影响，对儿童鲜活而且丰富的心灵带来压抑感。

——摘自《童年的秘密》

专家解读

我们对于孩子的阅读引导不一定要很正式，家庭中的阅读环境毕竟狭小，而外面世界的阅读材料很多，所以我们可以带孩子出去走走，利用生活中的方方面面来锻炼孩子的阅读能力，扩大孩子的阅读范围。

游戏配合

游戏名称：走出家门

适用年龄：5 岁以上

游戏目的：开拓孩子的视野，训练孩子的阅读能力，帮助孩子积累更多的词语。

游戏方式：

Step 1

选择一个晴朗的天气，带着孩子走出家门。

Step 2

带着孩子到商业繁华的地段去，或者店铺比较多的街道上。

Step 3

当孩子停下来阅读商店的招牌时，家长要耐心等待，给予孩子阅读和理解的时间。

Step 4

等待孩子阅读完之后，带着他继续阅读更多其他的广告语，直到孩子失去兴趣或者身体疲惫为止。

☆家长观察笔记

04 逐步加深阅读的难度

蒙台梭利老师怎么说

此时，儿童的阅读还是局限在单词方面，而真正的阅读是一系列单词的组合，涉及整个句子和整篇文章。所以，接下来我们要开始对儿童进行阅读句子的教学训练。对于儿童来说，阅读单词可以了解他人传递给我们的信息，这一重要发展目标可以让他们感到快乐和惊喜。

我的朋友给“儿童之家”送来了一些图书，但是我认为这些儿童尚且还无法理解书中的故事。因为，书是一种逻辑语言的组织，在儿童还没有建立语言逻辑时，阅读一些单词和阅读一本书的意义与方法是不同的。就像是知道如何发音和如何说话之间存在的差异一样。所以，我并没有让儿童直接接触书籍，而是想要寻找一个合适的机会，让他们先从对句子的阅读开始学习。

在一次自由对话时，4 名儿童满含喜悦地跑到黑板前，拿起粉笔在上面写道：“花园里的花朵开了，我们好高兴啊！”这一举动对我来说简直是巨大的惊喜，我认为此时是对他们进行句子教学的时机。我便借鉴着他们的方式，在黑板上写下：“你们大家爱我吗？”他们用缓慢的语速读着我写的句子，之后，他们沉默了一会儿，像是在思考和酝酿，然后他们齐声对我喊道：“爱！爱！”

我继续写：“好的，请保持安静，看着我。”刚刚还在喊叫的孩子在读完这句话时，便安静了下来。于是，我就这样开始和孩子们进行书面写作的交流，而他们也对这种方式有很大兴趣。

我采用游戏的方式来教儿童阅读句子，在一些卡片上我写下了一些句子，标注有儿童需要去执行的动作。比如：“关上窗户，打开门，等待一会儿，再将房间里所有的东西原样放好。”“礼貌地邀请你的 8 名同伴，让他们离开座位，在教室中站成两排。”“让你旁边的同伴站起来，踮着脚尖轻轻地向前走动，不发出任何声音。”“邀请 3 个年龄最大的同伴，如果他们愿意的话，让他们站在教室中间一起唱首歌。”

这个游戏很受孩子们的欢迎，我刚说完游戏规则，他们便可以马上抽取一张卡片回到座位上仔细、安静地反复阅读，直到能够完全理解卡片上写的句子内容。接着，孩子们会将卡片还给教师，然后转身去执行卡片上要求的动作。这个游戏不仅会让儿童学会对句子的阅读，同时也会让儿童培养出一种自觉的纪律性。

——摘自《蒙台梭利儿童教育手册》

专家解读

当孩子的词汇量积累到一定程度时，下一步就是对他们进行句子的训练。这项训练包含对词语的理解和运用，以及对整个句子的理解和运用。这种训练可以让孩子的表达能力得到锻炼，也能够增加孩子阅读的快乐感受。

我们可以用一些孩子曾经看过或者听家长讲过的故事绘本做教具，让孩子通过他认得的字和图画的内容，自己组织语言来讲给家长听。当孩子的语言有些混乱时，家长不要直接指出来，而是要尽可能地引导，让孩子将整件事情叙述清楚。通过这种方式，可以使用不同难度的绘本逐步加深孩子阅读的难度。

游戏配合

游戏名称：拼图讲故事

适用年龄：5 岁以上

游戏目的：让孩子感受阅读的快乐，锻炼孩子的语言表达能力。

游戏方式：

Step 1

将一本绘本拆开，打乱页码顺序摆放在桌面上。

Step 2

让孩子自己去选择图片，按照他们自己的想法将故事串联起来。

Step 3

在孩子通过阅读和想象讲述故事时，家长要在一旁耐心地听，然后将故事记录下来，组成一本新的故事绘本。

Step 4

在刚开始时可以选择相对简单的绘本，几页即可，随后可逐步增加难度，如增加绘本的彩页数量，或者将不同绘本的彩页放在一起，让孩子自己组合新的故事。

☆家长观察笔记

Part 7
儿童社交语言能力训练

01 建立儿童的语言逻辑

蒙台梭利老师怎么说

成人并非总能理解儿童的用意，所以，儿童想要准确地表达自己的思想，需要做出很多努力。如果儿童曾经做出的一些努力没有被理解，就会产生烦躁不安的情绪，这恰恰是由他们没有能力表达自己的思想而引起的。儿童需要找到一种方式，来表达自己丰富的内心世界，所以，他们需要克服重重困难，找到符合逻辑的语言表达方式。

这是一个困难的时期，因为儿童自身局限和不利环境会对他们的发展造成障碍。如果我们缺乏对儿童的关爱和理解，就会对儿童造成影响，甚至发生语言回归的倒退现象。儿童只有在遇到利于自己的环境时，才能独立向前迈进。所以掌握语言是一项艰难的历程，同时存在着很多回归危险。在这一时期，儿童接受的印象和结果将长期存在，包括他们对声音和语法的了解。

这个时期不仅是儿童性格发展的关键时期，儿童成长的心理畸变也容易在此时期产生。那些阻碍正常发展的困难包括压抑，虽然在人类的许多活动中都存在压抑，但在此我只说关于语言方面的问题。

当儿童处于“句子爆发期”时，我们应当给予儿童表达的自由，这是很重要的一点，这不仅和儿童正在发展的语言机制密切相关，同时也关系到个体（儿童）的未来生活。如果儿童在应当接触语言的年纪却没有发生语言的爆发现象，而是表现得沉默不语，大多是因为心理原因导致的。

——摘自《蒙台梭利文集：儿童的心智·教育与和平》

专家解读

有些孩子无法准确地表达完整的话，造成这种情况的原因并不一定是孩子词汇量不足和语法辨识不清的问题，也有可能是因为孩子缺少良好的说话氛围或者环境。尽管孩子有表达的能力，但是没有可以说出自己想法的机会，就会让他们的语言能力受到影响。

针对这种情况，我们需要给予孩子一个自由表达的环境，鼓励孩子多说话，进而能够与别人进行正常的交流。想要让孩子勇敢地表达并不是一件一蹴而就的事情，我们可以先让孩子完整地介绍自己，借此来提升他语言的熟练程度和说话的勇气。

游戏配合

游戏名称：自我介绍

适用年龄：2~4 岁

游戏目的：锻炼孩子通过语言来表达自己的想法，建立孩子的语言逻辑，提升孩子表达的勇气。

游戏方式：

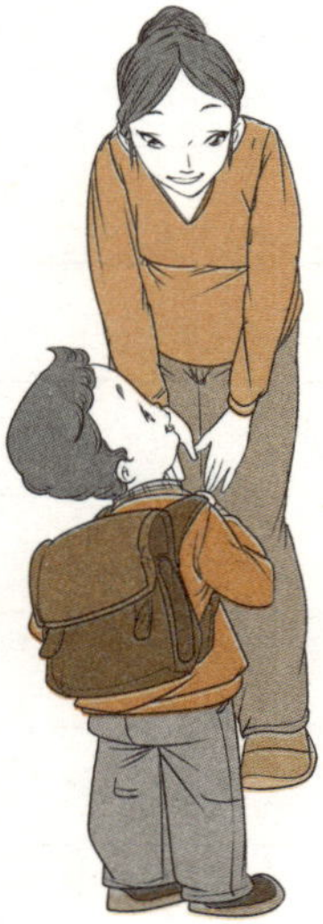

Step 1

让孩子背上小书包，妈妈扮演教师，和孩子进行对话。

Step 2

对话时先采取提问引导的方式，询问孩子姓名、家长的姓名、家庭住址、年龄、兴趣爱好等问题。

Step 3

当孩子能够熟练地回答所有问题后，可以进行角色对调，由妈妈来扮演学生，孩子来提出问题。

☆家长观察笔记

02 扩大儿童的语言锻炼环境

蒙台梭利老师怎么说

在大多数学校中，教师会用集体玩耍或集体出游来作为儿童对社会生活组织的体验方式。但是在我们的学校里，儿童生活的环境和集体是充满自由与活力的，他们时时刻刻都能够收获到社会生活的体验。

在我们的学校里，每个儿童都有着独立的性格，这种混在同一班级中的不同性格的儿童，他们之间的相处对于儿童积累社会经验是十分有益的。这种体验，是那种总是参加小班授课的儿童无法获得的。要知道，儿童只有尽可能地融入社会，才能积累更多的经验，让性格相对完善。

所以，我坚持在儿童分班时以随机组合为原则，甚至打破深层次的规则，将不同年龄阶段的孩子划分在同一个班级里，比如 3~6 岁的儿童在同一个班级。在许多普通学校看来，这样的安排是非常不可思议的，如果不是因为一些特殊的原因，如成绩等问题，不同年龄阶段的儿童是无法在同一个班级里好好相处的。可是，同龄的儿童分班很难推行我的教育理念，而且会发生很多问题，而我的这种安排其实很容易理解。

就比如，一个妈妈同时教养6个不同年龄的孩子，并不会觉得照管起来很困难，可如果是同时照管一对双胞胎，就会觉得十分费心，因为两个孩子的诉求基本相同。

不仅是双胞胎会这样，一些独生子女的家长也并不会觉得教育是一件轻松的事情。独生子女因为缺少玩伴，就会更加依赖家长。许多人认为对二胎的教育要比第一胎容易一些，是因为已经有了育儿的经验，但其实真正的原因在于二胎有天生的玩伴。所以，处于单一环境下的孩子很难获得成长，他们的社会化进程也会受到影响。

——摘自《有吸收力的心灵》

专家解读

有些孩子在见到陌生人时，常常会躲在家长的身后，原本很有礼貌的孩子突然闭口不言。其实，孩子之所以会这样，一方面是因为缺乏同陌生人交流的机会和勇气；另一方面是因为孩子缺乏语言交际能力。所以，在生活中我们对孩子的训练不应该只是局限于家庭环境，应该多带孩子感受一下更大的环境，丰富孩子的语言锻炼环境。

游戏配合

游戏名称：找朋友

适用年龄：2岁以上

游戏目的：提高孩子的语言组织能力，增强孩子语言表达的信心。

游戏方式：

Step 1

鼓励孩子和同小区内的其他小朋友建立友谊。

Step 2

让孩子和其他小朋友一起玩，自己在不远处看着。

Step 3

等回家之后，询问孩子是否交到了新的朋友和他对那些小朋友的看法。

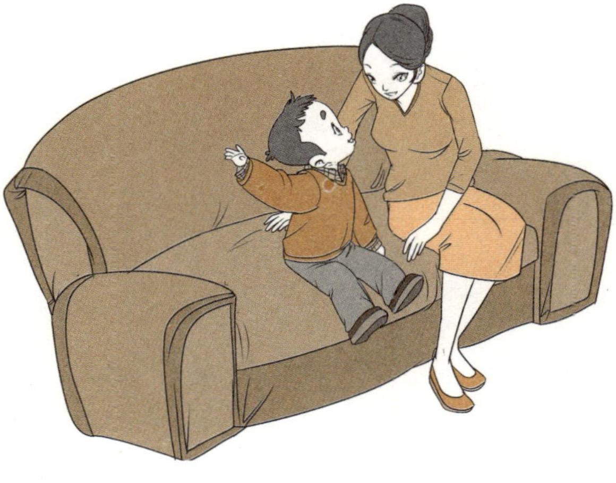

☆家长观察笔记

03 培养儿童的交际表达能力

蒙台梭利老师怎么说

在我的学校中，同一个班级里不仅会包含男生和女生，还会包含很多不同年龄阶段的儿童。这些儿童会在交流中互相影响：大一些的会照顾小一些的儿童，小一些的也能对大一些的儿童进行模仿和学习。大孩子会解答小孩子的疑惑，这种解答要比成人给的答案更加宝贵，因为儿童们之间更容易进行思维的沟通，他们之间也更有共同语言。与成人相比，由大孩子来作为教师带领小孩子学习，他们之间的交流更容易促成和谐的氛围，这些都是成人无法带给儿童的学习和交流感受。

教师要教导一个 3 岁的儿童学习某种知识，需要很多技巧，可是如果换作一个 5 岁的儿童来教授，就会变得简单许多。孩子们之间好像存在着某种超自然的沟通链接，促成他们之间的交流和成长。5 岁的儿童做的事情在 3 岁的儿童看来充满诱惑力，但是看上去并没有很大难度，是只要他们肯努力一点就可以达到的程度。所以在这种情况下，小孩子会特别崇拜大孩子，以他们为老师和偶像，极力地模仿他们的言谈举止。

而在普通学校的班级中，那些同龄的儿童想要获得成长，常常只能向教师求教。在这种情况下，聪明一些的和相对不太聪明的儿童之间就容易产生隔阂，对于双方交流也会出现负面影响。这种负面的表现情况在不同龄的儿童之间相处时就不容易出现，因为在大孩子为小孩子答疑解惑时，小孩子并不会表现出丝毫的嫉妒，而只会羡慕，希望自己也能够快快成长到像那些大孩子一样的年龄，可以回答那么多的问题。

我们学校中的儿童会像兄弟一样相处，他们之间还会产生尊敬的情感，而在传统学校的儿童身上，往往只会存在很强烈的竞争感，会有嫉妒、怨愤、羞愧等感受。聪明的儿童会变得有些自大，而处于弱势的儿童则容易走向负面的深渊。

而我们班级中的气氛是很和谐的，孩子们之间的友谊非常坚固，大孩子表现出对小孩子的关心是很自然的事情。而且，大孩子花费很多的时间在对小孩子的教育和帮助上，并不会阻碍他们自己的成长。给小孩子讲解的过程也是他们自己复习知识、组织语言、加深理解的过程，这是有益于儿童的成长的。在这种和谐的氛围下，孩子们可以尽情地在交流、互帮互助中获得成长。而其中的关键点就在于，年龄差异因素造成的影响。

——摘自《有吸收力的心灵》

专家解读

很多孩子都是独生子女，在家中没有年龄相仿的玩伴，家长又时常无法理解他们的心理，所以有些孩子在语言表达方面容易呈现弱势。此时，培养孩子的交际表达能力就至关重要。

每一个孩子都有聊得来的同伴，作为家长我们可以提出让孩子邀请同伴来家里玩的建议。让孩子在家庭环境中体验到同伴带来的愉悦感受，为孩子创造一个适合语言交际能力发展的环境。

游戏配合

游戏名称：邀请朋友

适用年龄：3 岁以上

游戏目的：锻炼孩子的语言交际能力，培养孩子的交际表达能力。

游戏方式：

Step 1

给孩子买一个互动类型的玩具，或者可以更多人一起玩的玩具。

Step 2

向孩子提出邀请朋友来家里玩的建议，并且引导孩子思考该如何邀请朋友。

Step 3

当孩子的朋友来了之后，尽量给他们独处的空间，不打扰他们之间的交流。

☆家长观察笔记

04 让儿童明白语言的意义

蒙台梭利老师怎么说

在我们的学校中，低年级的（3~6 岁）儿童和高年级的（7~9 岁）儿童的班级并没有被完全隔开，在他们之间只有一个半腰高的矮墙，并未起到绝对的隔绝作用。低年级的儿童想要和高年级的儿童进行沟通，是很简单的事情。而且他们在跨越这堵墙时，并不会被学校的教师阻止。通常情况下，低年级的儿童只会到高年级的儿童那里玩一会儿，因为他们还无法获得他们想要的东西，毕竟高年级学习的东西对他们来说还很有难度。但是，这种互通式的安排却可以促进不同年龄阶段的儿童之间的交流。

比如，一个 9 岁的儿童在用算术公式做数学题，不管他如何向 3 岁的儿童解释，对方都不会明白。所以，即便 3 岁的儿童有很大的兴趣，也只会回到自己的教室里，去学习那些自己能够接受的东西。而一个 6 岁的儿童在看到之后，如果 9 岁的儿童愿意给他讲解，那么他就能略微了解一些其中的奥秘。所以，3 岁的儿童会去找寻自己喜欢的，而且能接受的东西，而 6 岁的儿童就愿意留在这间教室仔细听讲，这种方式可以促使他们通过交流来了解不同年龄阶段的儿童之间理解力的差距。

这样的现象在我们的学校中十分普遍，正是通过这种方式，让我们发现 9 岁的儿童便可以使用数学公式去解复杂的题目。这种复杂的知识正是他们从邻班的那些 12~14 岁的儿童那里学来的，而大一些的也愿意给他们讲解，和他们进行语言和知识的交流。

这些培养儿童社会能力的诀窍可以让他们自由成长。小孩子通过和大孩子的交流获得知识与成长的经验，大孩子在帮助小孩子的过程中巩固自己的知识，这些儿童在学习交流中不断地健康成长。

——摘自《有吸收力的心灵》

专家解读

孩子和同龄人或许更有共同语言，但是和更大一些、更小一些的孩子在一起玩对于成长也是有帮助的。在和大孩子一起玩时，孩子可以获得更多的心理成长，在和小孩子一起玩时，对他们的性格培养有帮助。所以，不要让孩子的交友范围只局限于学校，可以多带他到一些有孩子的朋友家里去玩，也可以让他多认识一些同小区内的孩子。

当孩子们聚在一起时，会模仿成人进行游戏。那种过家家的游戏可以让孩子明白语言的意义，促进孩子的交流能力，提高他们对生活的观察能力和理解能力。孩子玩过家家游戏时，在一些时候会向我们求助，那时我们要采取积极的态度，不要不理会孩子的要求，要知道，过家家游戏对孩子来说是很有效的语言交际能力训练。

游戏配合

游戏名称：过家家

适用年龄：3 岁以上

游戏目的：锻炼孩子的语言表达能力和语言逻辑，培养孩子的交流能力，让孩子了解沟通的方式和语言的意义。

游戏方式：

Step 1

与孩子一起玩过家家，在孩子有需要时提供帮助，比如，孩子向家长要一把勺子作为游戏道具。

Step 2

在孩子接过勺子之后，要提醒孩子记得说“谢谢”。等孩子说“谢谢”之后，要回复一句“不客气”。

Step 3

当孩子没有向我们提出请求时，不要直接干预孩子的游戏，给予他们自由发挥的空间，让他们自己去学习如何交流。

☆家长观察笔记

后记

从北京师范大学毕业后一心致力于教育事业，如今如愿实现。每天，当我站在教室，面对一张张质朴的脸庞，授予他们知识时，我都倍感荣耀。

俗语说“十年树木，百年树人”，果然如此。每每和学生们在一起，或是探讨问题，或是一起参加体育活动，我都能从他们身上感受到一股朝气蓬勃的力量。同时也深知自己作为学生们的榜样，肩膀上的责任重大。

在教学过程中，每个教师、家长都会遇到问题，无论是教学方法方面的，还是学生个人方面的，我想大多数人都为此感到头疼、不解。我也遇到过这些问题，所以总是翻开书籍，希望能从中找到解决之法。

当我翻开蒙台梭利文集时，内心就被这位慈祥的教育学家的思想和心得深深折服，她不愧为“20 世纪最伟大的科学与进步的教育家”。她在文章中提到的很多观点，值得今天的我们拿出来细细研究，我想这也有可能是未来教育改革所不可缺少的参考；她提出了很多教学方法，我认为这些论述对学生的教育也是很有帮助的。所以，我和众多教育工作者探讨了这个问题，并决定从蒙台梭利的论述中提取若干可以帮助学生进步的方法，希望对学生和教育工作者有所启发与帮助。

在探讨观点和实验教学方法的过程中，我们遇到了诸多困难，但都一一克服，力争把最好、最全面的观点和方法呈现出来，以供家长和孩子们练习。在此感谢所有参

与编辑此套书籍的工作人员，一并感谢帮助出版此书的有识之士，感谢你们为教育事业所做的贡献！

我们都以一颗赤诚的心，将精力奉献给祖国未来的花朵，我想这将是利国利民的实事、好事。人们总把教师称为“人类灵魂的工程师”，此刻我由衷地认为任何对教育有帮助、有贡献的人都应享此荣誉。

最后，作为一名受家长信赖、受社会大众委任的人民教师，我将继续义无反顾地投身于教书育人的事业，与同事将这些新的教育方法运用在教学过程中，并不断地总结经验，力图能像蒙台梭利所述的那样，让孩子们在自由中成长，在学习中进步，在教育中成才。

唐玉芸